Colonnaden 47, heute

Roswitha Quadflieg

Beckett was here

Hamburg im Tagebuch
Samuel Becketts von 1936

Mit einem Vorwort
von Mark Nixon

| Hoffmann und Campe |

1. Auflage 2006

www.hoca.de
Einbandgestaltung: Katja Maasböl
Vorderseite: Samuel Beckett Anfang der dreißiger Jahre,
© Edward Beckett / Ausschnitt aus dem Gemälde
»Landschaft (Hamburg)«, 1932, von Karl Ballmer, mit
freundlicher Genehmigung der Hamburger Sparkasse
Rückseite: Landesbildstelle Hamburg
Satz: Pinkuin Satz und Datentechnik, Berlin
Druck und Bindung: Clausen & Bosse, Leck
Printed in Germany
ISBN (10) 3-455-09541-0
ISBN (13) 978-3-455-09541-8

HOFFMANN UND CAMPE

Ein Unternehmen der
GANSKE VERLAGSGRUPPE

INHALT

VORWORT

Es ist kein Zufall, dass die Deutschlandreise des jungen Schriftstellers Samuel Beckett in Hamburg beginnt. Schon im Februar 1931, als er die Hoffnung hegte, der Langeweile des Unterrichtens am Trinity College Dublin mit einer Reise zu entkommen, war er, wie aus einem Brief an den Freund Thomas MacGreevy hervorgeht, *on Hamburg*. Beckett blieb auch in den folgenden Jahren *on Hamburg*, bis er schließlich am 2. Oktober 1936 an den Landungsbrücken die Hansestadt betritt. Zu diesem Zeitpunkt – er hatte wenige Monate zuvor seinen Roman *Murphy* zu Ende geschrieben, aber noch keinen Verleger gefunden – befand sich Beckett sowohl in persönlicher als auch kreativer Hinsicht in einer Sackgasse. Die Reise nach Deutschland sollte ihm demnach neue, dringend notwendige Impulse verschaffen.

Seine Eindrücke von Hamburg während des neunwöchigen Aufenthalts notiert sich Beckett in zwei Tagebuchhefte, ein tägliches Ritual, das auch der schriftstellerischen Ratlosigkeit entgegenwirkt. Diese Aufzeichnungen ermöglichen es dem Leser, Beckett bei seinen Selbstgesprächen zu belauschen. Hier hält er seine Beobachtungen des Alltagslebens in Hamburg fest, bewertet Mahlzeiten und Sehenswürdigkeiten, notiert Gespräche mit Mitmenschen und setzt sich mit den Kunstwerken der Stadt auseinander. Mit Hingabe und Leidenschaft sieht er sich die Alten Meister in der Kunsthalle und zeitgenössische Kunst in privaten Sammlungen an und vertieft sich in die deutsche Literatur. Dabei ist Beckett stets darauf bedacht, das Gesehene, Gehörte und Gelesene in seine sich entwickelnde Ästhetik einzuordnen. Darüber hinaus sind seine Tagebuchaufzeichnungen ein Zeugnis der Realität im nationalsozialistischen Deutschland. So schreibt er in einem Brief an MacGreevy, nachdem er die noch tätigen Künstler der bereits aufgelösten »Hamburgischen Sezession« in ihren Ateliers besucht hatte: *»I shall be surprised & lucky if I find such energetic underground of painting in other parts of Germany.«* (28. November 1936)

Becketts Urteil, Hamburg sei eine *Insel* in Deutschland, lässt sich anhand der gesamten *German Diaries* nachvollziehen. In keiner anderen Stadt wurde Beckett derart freundlich aufgenommen, und in keiner anderen Stadt hatte er Zugang zu einer Kunstszene, die trotz verschärfter Zustände weiterlebte. Daher ist der Hamburger Teil des Tagebuchs von einer Lebhaftigkeit, zuweilen gar Hektik, gekennzeichnet; wie ein Schwamm saugt es die Geschehnisse im Herbst 1936 auf. Dabei sind die Übergänge zwischen dem prägnanten Detail und der ausschweifenden Geste fließend und nicht selten voller überraschender Einsichten.

Mit viel Feingefühl begleitet Roswitha Quadflieg in *Beckett was here* den jungen Schriftsteller auf seinen Streifzügen durch Hamburg, wobei die höchst individuelle Schreibweise Becketts in den erzählerischen und lebhaften Schreibstil der Autorin einfließt. Dabei kommentiert Roswitha Quadflieg das im Tagebuch Geschilderte und macht des Öfteren Halt, um Leerstellen anhand ihrer ausgiebigen und aufschlussreichen Spurensuche auszufüllen. Vergessenes wird wieder wachgerufen, Verschollenes aufgespürt, bisher Unbekanntes ans Licht geholt und den Schicksalen vieler – auch bisher unbekannter – Menschen nachgegangen. Mit diesem Vorgehen gelingt es Roswitha Quadflieg nicht nur die Reise wie die Person Becketts schärfer zu umreißen, sondern auch das Hamburg von 1936 wieder zu beleben. Und dieses Hamburg ist, wie Beckett wusste, *superb* (Brief an MacGreevy, 9. Oktober 1936).

Mark Nixon
Reading, im Dezember 2005

ZEITSPRÜNGE

Oktober 1936. Hamburg.

Samuel Beckett, am 13. April 1906 in Foxrock bei Dublin geboren, betritt die Hansestadt Hamburg, schreibt auf, was er sieht, was er hört – und reist nach neun Wochen wieder ab; zieht weiter durch Deutschland, insgesamt zweiundzwanzig Städte sucht er auf. Am 1. April 1937 verlässt er »das Reich«. In München, seiner letzten Station, wird drei Monate später die Ausstellung »Entartete Kunst« zum ersten Mal gezeigt.

1953–1989. Paris, Deutschland, die ganze Welt.

Im Frühjahr 1953 wird Becketts erstes Theaterstück *Warten auf Godot* in Paris uraufgeführt, im Herbst desselben Jahres die deutsche Übersetzung in Berlin. *Warten auf Godot* geht um die Welt, wie alle weiteren Stücke dieses Autors auch – »Grundsteine« des Theaters im 20. Jahrhundert. Im Herbst 1969 erhält der Dichter den Nobelpreis für Literatur, am 22. Dezember 1989 stirbt er – dreiundachtzig Jahre alt – in Paris. Kurz darauf findet sein Neffe im Keller seiner letzten Wohnung die bis dahin unbekannten *German Diaries.*

2003. Hamburg.

Das Hamburg-Kapitel der *Deutschen Tagebücher* wird in limitierter Auflage in Hamburg gedruckt; es wird »vor Ort« recherchiert, zwei bis dahin noch unbekannte Briefe und drei Postkarten von Samuel Beckett werden entdeckt, ein Gästebuch mit seiner Signatur – Menschen, die sich nicht kannten, lernen sich kennen aufgrund eines alten Tagebuchs.

Die Beschäftigung mit der Vergangenheit schafft eine neue Gegenwart.

2006. Hamburg und überall.

Der Geburtstag Samuel Becketts jährt sich zum einhundertsten Mal – in vielen Städten der Welt wird seiner gedacht. Auch in Hamburg, der Stadt an der Elbe und zwei Alstern, der Stadt mit fünf Hauptkirchen, einer Kunsthalle, dem Museum für Kunst und Gewerbe, dem Friedhof Ohlsdorf im Osten und dem Süllberg im Westen – und den fast verwehten Spuren der Menschen, denen der Ire hier im Herbst 1936 begegnete. Auch den Malern der bereits 1933 aufgelösten »Hamburgischen Sezession«, deren Kunst mehr und mehr den Angriffen der Nationalsozialisten ausgesetzt war. Eine Stadt, die man vielleicht zu kennen glaubte und dennoch – siebzig Jahre nach Becketts Besuch – auf dessen Spuren ganz neu entdecken kann.

EINFÜHRUNG

In der Morgenfrühe des 2. Oktober 1936 verlässt an den Hamburger Landungsbrücken eine kleine Reisegruppe den US-Liniendampfer »Washington« – vierundzwanzig Stunden später, als eigentlich vorgesehen, hatte das Schiff die Hansestadt erreicht. Per Bus werden die englisch sprechenden Damen und Herren zum Hotel Lloyd, direkt

Samuel Beckett, Anfang der dreißiger Jahre

gegenüber dem Hauptbahnhof, gebracht und dort für vier Nächte einquartiert. Unter ihnen ein hoch gewachsener junger Mann, der sich am 29. September im Hafen von Cóbh eingeschifft, die vier Tage und Nächte an Bord mit Schachspiel, Lesen und Whiskytrinken zugebracht hatte: Samuel Beckett, der irische Dichter, damals dreißig Jahre alt – in Deutschland noch völlig unbekannt. Von Hamburg aus will er eine Rundreise durch deutsche Städte antreten, also viel länger auf dem Kontinent bleiben als seine zufälligen Reisegefährten, die er am 6. Oktober in seinem Tagebuch spöttisch-nachsichtig als ***SS Washington mitfresser*** bezeichnet. Eine der für Beckett charakteristischen Kontraktionen, mit denen er während der folgenden sechs Monate – zunehmend mit deutschen Ausdrücken »angereichert« – fast fünfhundert Seiten *Deutsche Tagebücher* führt.

Einen umfassenden Überblick über die *German Diaries* geben James Knowlson in seiner Beckett-Biografie und Mark Nixon in seiner Chronologie in dem Band *Der unbekannte Beckett*.

Das Hamburg-Kapitel umfasst neun Wochen – die vierundsechzig Tage vom 2. Oktober bis 4. Dezember 1936 – und ist mit Tinte in zwei unterschiedlich große Hefte geschrieben. Thematisch lässt es sich in drei Abschnitte gliedern.

Die ersten Tage dokumentieren Becketts Art, sich die Stadt auf weiten Rundgängen anzueignen, wobei er die beiden Alstern und die fünf Hauptkirchen als seine Orientierungspunkte einführt und sämtliche öffentlichen Gebäude und Plätze, vor allem Straßen – auch wiederholt – notiert.

Bald »bevölkert« sich die fremde Stadt für ihn, Namen und »Spitznamen« tauchen auf: ***Martion, der Kaufmann lernt***

Das erste Heft der *German Diaries*
(rot mit schwarzer Schrift, 10 × 17 cm)
und eine Seite aus dem ersten Heft

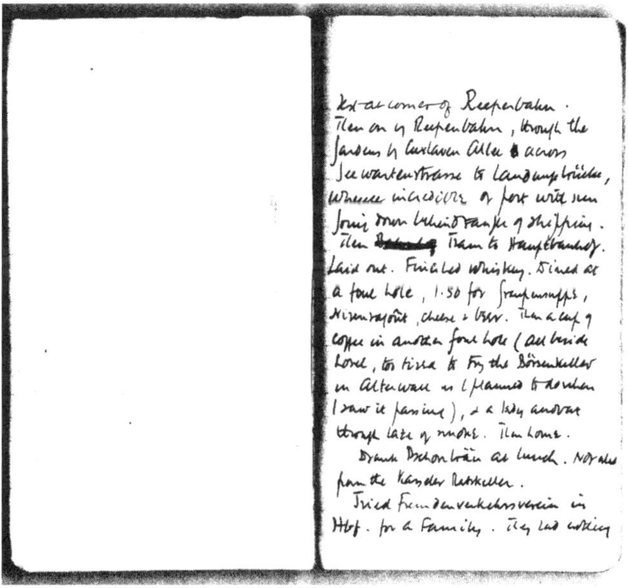

u. so ausseht (7/10), ***Fräulein Schön aus Kiel, doing Kunst-Gewerb*** (8/10), ***a mildewed Frau Dr Professor*** (17/10).*
Zunächst handelt es sich um andere Gäste der Pension Hoppe in der Schlüterstraße 44 – in die Beckett bereits am fünften Tag seines Aufenthalts zieht –, mit denen er dann fast allabendlich zum Supper und so manches Mal noch bis Mitternacht zusammensitzt. Rasch erweitert sich der Menschenkreis. Die Akademische Auslandstelle vermittelt dem Iren eine so genannte »Lotsin«, Claudia Asher, die ihm Deutschunterricht erteilt, ihn auf etlichen Touren begleitet – und ungezählte Kaffees, Grogs oder Eisbrecher mit ihm trinkt. Hinzu kommen Buchhändler und andere Persönlichkeiten der Hamburger Gesellschaft. Diese führen den interessanten und scheinbar an allem interessierten jungen Mann in die Hamburger Kunstsammler- und Künstlerszene ein.
Der letzte Abschnitt des Tagebuchs führt zu den Malern der ehemaligen »Hamburgischen Sezession«, der 1919 gegründeten Künstlervereinigung, die sich nach der Aufforderung, ihre jüdischen Mitglieder auszuschließen, bereits im Mai 1933 selbst auflöste. Neun von ihnen lernt Beckett kennen, sechs besucht er in ihren Ateliers, trifft sie in ihrer Stammkneipe »Sommer's Eck« am Landwehr, besucht mit ihnen einen Ringkampf in der »Flora« an der Sternschanze und feiert – vier Tage vor seiner Abreise – in ihrem Kreis das Richtfest von Karl Ballmers neuer Bleibe vor den östlichen Toren Hamburgs, in Glinde.
Fünfundsiebzig Personen insgesamt nennt das Hamburg-

* Hier und im Folgenden wird immer in Becketts Schreibweise zitiert. Zitate aus dem Hamburg-Kapitel der *German Diaries* sind jeweils halbfett kursiv gesetzt, Zitate aus anderen Werken Becketts kursiv.

Kapitel der *Deutschen Tagebücher*. Dazu fast zweihundert Maler, deren Bilder Beckett während der neun Wochen in privaten und öffentlichen Sammlungen und Ausstellungen zu sehen bekommt, und etwa siebzig Autoren – Dichter, Philosophen und Wissenschaftler –, deren Bücher ihm empfohlen werden, die er ausleiht, erwirbt oder liest (Autoren- und Titelliste im Anhang).

Durch alle vierundsechzig Tage ziehen sich – wie zwei »rote Fäden« – zum einen Becketts Beschäftigung mit der bildenden Kunst (insgesamt elf Mal betritt er die Hamburger Kunsthalle), zum anderen seine Suche nach der Sprache, auch »bei Land und Leuten«, in Restaurants, Lokalen und Kneipen. Aus dem Casino wird er am dritten Tag seines Aufenthalts hinausgewiesen ***for appearing in leather coat.*** (5/10) Speisekarten, Trinksprüche, sogar Zweizeiler an Toilettenwänden scheinen für den rastlos wahrnehmenden, assoziierenden Iren nicht weniger interessant gewesen zu sein als deutsche Dichtung, Grabinschriften oder kunstkritische Texte. ***Bist du beim Trinken/ So bleib dabei/ Deine Frau schimpft um zwölf/ Soviel wie um zwei.*** (26/10)

Landungsbrücken

DAS TAGEBUCH

2/10 FREITAG

Erste Rundgänge. Reeperbahn.

Unmittelbar nach Ankunft – nach ***shave, bath, whisky*** – zunächst ***Brieflagernd & Paketlagernd*** (im Postamt am Stephansplatz), wo jedoch noch kein Brief wartet. Anschließend erster Rundgang: einmal um die Binnenalster. Über die Lombardsbrücke, den Jungfernstieg entlang zum ***Adolf Hitler Platz (once Rathsmarkt)***, dem heutigen Rathausmarkt.

Einunddreißigmal besuchte Adolf Hitler Hamburg, am 17. August 1934 zum ersten Mal als Reichskanzler. Bereits ab März 1933 war die NSDAP stärkste Partei in der Stadt. Der Bürgermeister Hamburgs hieß Carl Vincent Krogmann. Im April desselben Jahres wurde im leer stehenden Fabrikgebäude der Torfverwertungsanstalt Wittmoor das erste, im September in dem ehemaligen Frauengefängnis Fuhlsbüttel das zweite Konzentrationslager auf Hamburger Gebiet eingerichtet.

Weiter geht es via Alsterdamm (heute Ballindamm) und Glockengießerwall zurück zum Hotel Lloyd, Steintorwall Nr. 7/8, Ecke Mönckebergstraße, wo in dem zum Hotel gehörenden Restaurant ein Lunch eingenommen wird.

Das Gebäude wurde im Zweiten Weltkrieg zerstört, in der Ruine soll, nach Auskunft der Tochter des damaligen Restaurantpächters Hergenröder, längere Zeit das Kabarett »Mausefalle« zu finden gewesen sein.

Hotel Lloyd, gegenüber dem Hauptbahnhof

Blick von der Möncke-bergstraße auf das Hamburger Rathaus, davor Adolf-Hitler-Platz

Blick über die Alster von der Lombardsbrücke aus

Reeperbahn

Gleich nach dem Lunch – ***By Alterwall, the long ugly Rödingsmarkt with overhead railway*** – ein Bummel in Richtung Reeperbahn. ***Extraordinary, long boulevard running west with kinos, bars, cafés, dancings, etc., all the way along both sides (…) A rise of Montparnasse to nth.*** Rast in einer Eckkneipe, ein Glas Bier, Rückweg über die Landungsbrücken, ***whence incredible*** [***view***] ***of port with sun going down behind tangle of shipping.*** Von dort mit der Straßenbahn zum Hauptbahnhof, im Hotel wird die zweite, noch vom »Reiseproviant« aufgesparte ***2nd baby*** Whisky gekippt, anschließend – ein langer Tag ist noch lange nicht zu Ende – ein kleiner Spaziergang durchs Bahnhofsviertel. ***Dined at a foul hole, 1.50 for Graupensuppe, Nierenragoût, cheese & beer.*** Ein paar Blicke in offenbar wenig anziehende Spelunken, dann lässt Beckett es für diesen Tag genug sein. ***Then home.***

5/10 MONTAG

Post. Pensionen. Otto Lembke.

Mit dem Datum *5/10* fährt das Tagebuch fort. Inzwischen hat sich Beckett im Fremdenverkehrsverein am Hauptbahnhof – ein Pavillon mit ovalem Flachdach auf dem Vorplatz zur Kunsthalle – vergeblich nach einer Unterkunft mit Familienanschluss erkundigt und auch im *Hamburger Fremdenblatt* nichts dergleichen annonciert gefunden.

Das *Hamburger Fremdenblatt,* damals die zweitgrößte Tageszeitung nach dem seit 1929 erscheinenden *Hamburger Tageblatt,* Gauamtliches Organ der NSDAP.

Hauptbahnhof und Fremdenverkehrsverein

No Stimmung auf der Reeperbahn und – ***Postlagernd went to Hauptpostamt 1, Münzstraße*** – immer noch kein Brief. Und von den Briefen, die in den nächsten Wochen Hamburg erreichen, sind die meisten wenig erfreulich. Vor allem neue Absagen den Roman *Murphy* betreffend belasten schwer.

Überhaupt ist es mit Becketts psychischer wie auch physischer Verfassung während seiner gesamten Deutschlandreise nicht zum Besten bestellt. Nach einer Affäre mit Mary Manning Howe, einer Jugendfreundin, die im Sommer 1936 – inzwischen verheiratet – noch einmal zu Besuch nach Dublin kam und dem eskalierenden Streit mit seiner Mutter, May Beckett (sein Vater, William Frank Beckett, war bereits 1933 verstorben), verließ er Irland fluchtartig. Und so war es eigentlich kein Wunder, dass ihm in Hamburg zunächst alles ***very dull & disappointing*** erscheint. Das Oktober-Wetter tat sein Übriges – ***Pouring rain & bitter cold & dog***

tired –, Erkältungen, schmerzhafte Abszesse an Mund, Nase und Fingern plagen ihn während der gesamten Reise.

Auch die Suche nach einer für einen längeren Aufenthalt passenden Unterkunft – auch passend für seinen schmalen Geldbeutel – gestaltet sich schwierig. Schmilinskystraße, Koppel, Steindamm, Rostocker Straße, Baumeisterstraße und Holzdamm. Halb St. Georg wird abgeklappert, etliche Adressen rund um die Binnenalster in Augenschein genommen – zunächst jedoch nichts zu machen. Selbst ***a pleasent lady*** bei Lüsch in der Fehlandstraße vermag die offenkundigen Nachteile der Unterkunft nicht aufzuwiegen: ***room indifferent & English speakers about.***

Beckett, der »einsame Wanderer« – so merkwürdig es den Kennern seiner Person und seines Werks auch scheinen mag –, ist im Oktober 1936 in Deutschland auf familiäre Kontakte aus. Vornehmlich, um deutsche Konversation zu führen. Augenscheinlich war diese während seiner zwischen 1928 und 1932 häufigen Besuche bei Onkel und Tante William und Cissie Sinclair in Kassel – und der »Lovestory« mit Cousine Peggy – zu kurz gekommen. Und die Dichter, deren Werke er bereits im Original gelesen hatte (Goethe, Rilke, Grillparzer), konnten ihm dabei keine Hilfe sein.

Lembke im Alsterdamm schickt den jungen Mann zu seinem Bruder Otto in den Colonnaden 47.

Ein prächtiges, fünfstöckiges Gebäude, das – wie alle Häuser in den Colonnaden – den Krieg überstand und heute auf fast allen Etagen von einer internationalen Sprachenschule genutzt wird.
»Überhaupt die Colonnaden, diese Straße müssen Sie sich unbedingt vorher ansehen, eine Einbahnstraße schräg von der Alster bis zum Stephansplatz, eng und altmodisch. Den Namen hat sie von

den Säulen auf der anderen Straßenseite. Da stehen nämlich die Häuser auf Säulen und darunter sind Arkaden, so daß die Damen bei Regen da ohne naß zu werden vor den Schaufenstern stehen bleiben und sich die Kleider und Pelzmäntel ansehen können ...«
(Aus: Hans Erich Nossack, *Die gestohlene Melodie*)

Doch bei Otto Lembke hält er es nur zwei Nächte aus. ***No fliessendes Wasser, no Zentral Heizung, nothing.*** Und außerdem zwei dumme Töchter. Auch Lunch wird nicht, wie von der Wirtin empfohlen, beim Schwager im Alsterdamm eingenommen, sondern gleich um die Ecke in der ***Stadtschänke,*** Parterre des Deutschlandhauses am Gänsemarkt, Ecke Dammtorstraße/Valentinskamp. (Heute eine weitläufige Verkaufsfläche für Drogeriebedarf.) Speisen wie Preise sind hier wohl eher nach seinem Geschmack. Jedenfalls wird die Stadtschänke während der nächsten Wochen fast täglich aufgesucht, im Tagebuch die doppeldeutige Kontraktion ***SS (Stadtschänke, not Saal Schutz)*** (17/10) für sie eingeführt.

Auch die ***Weinstube Dölle,*** Ecke Esplanade/Stephansplatz – ***Excellent bottle Mosel*** – tröstet nicht nur während der ersten einsamen Lembke-Abende. Dölle, für viele Hamburger eine »Institution«. Noch bis in die siebziger Jahre besuchte man das – trotz Enge und düsterer Einrichtung – beliebte Speiselokal gern nach der Staatsoper oder Konzerten in der Musikhalle. Heute befindet sich in dem inzwischen umgebauten Eckgebäude ein »Pub & Restaurant«, über dem offenbar nicht mehr genutzten Eingang von der Esplanade aus verfällt die mit Trauben und Putten verzierte Stucktafel: »Wilhelm Dölle Weinhandlung«.

6/10 DIENSTAG

Erster Besuch der Kunsthalle. Weitere Rundgänge. Wein.

Heute – ***Frightful day again, & I fürchterlich erkältet*** – erster Besuch Hamburger Kunsthalle. Müde und krank schleppt Beckett sich durch die Räume, notiert etwa fünfzehn Maler, einige mit Kurzkommentaren, ***Two poor Feiningers. Some good French stuff, Courbet, Renoir, Manet …***, um dann doch festzustellen, dass sein Zustand zu schlecht ist, um die Bilder wirklich genießen zu können. Dennoch lautet das Resümee: ***Fine building & superb presentation.***

Und an seinen Freund Thomas MacGreevy, den späteren Direktor der Dubliner Nationalgalerie, schreibt er zwei Tage später: *»Das Gebäude ist grandios, und die Bilder sind bewundernswert präsentiert (in einer Linie vor einer mattweißen Wand.)«*
Die so genannte »Petersburger Hängung«, damals in den meisten Sammlungen noch üblich, war in der Hamburger Kunsthalle von dem seit Mai 1934 amtierenden Direktor Harald Busch abgeschafft worden. Das heißt, die Bilder waren an hellen Wänden mit großem Abstand voneinander auf Augenhöhe positioniert und nicht Rahmen an Rahmen über- und untereinander, die Wände wie Ornamente füllend. Was Beckett – Galerien-Besucher par excellence – sichtlich zu schätzen weiß.
Den elf ***Gallery***-Besuchen Becketts in Hamburg – in denen insgesamt fast einhundertfünfzig Maler, zum Teil mit Lebensdaten und den Titeln ihrer Bilder, aufgelistet sind – ist Matthias Mühling in seiner Schrift *Mit Samuel Beckett in der Hamburger Kunsthalle* ausführlich und aus kunsthistorischer Sicht nachgegangen. Daher sollen sie hier jeweils nur angedeutet sein.

Hamburger Kunsthalle

Diese ständigen Auflistungen – wie auch der Straßennamen, Kneipen, Speisen und Preise – fordern dem Leser des Tagebuchs zunächst Geduld ab. Bis er sie als »Spiegel von Becketts damaligem Zustand« begreift. Wiederholungen als Geländer für einen in der fremden Stadt sonst Verlorenen, von zu vielen Eindrücken »Geschlagenen«. Zu Becketts Rastlosigkeit, um so viel wie möglich mitzunehmen, gesellen sich zunehmend Überdruss und Erschöpfung – ungeschönt an seinen Zeilen abzulesen, die nicht für einen späteren Leser bestimmt sind.

Nach Mitteilung an Frau Lembke – ***Back to 47*** –, bereits am nächsten Morgen wieder ausziehen zu wollen, einem ***lunch in God knows what Bräuerei*** und der zufälligen Begegnung mit den ***SS Washington***-Reisegefährten wird trotz Missempfindens ein weiterer Rundgang unternommen, zunächst der Weg Richtung Altstadt eingeschlagen. Durch die Büsch-, Gerhof- und damalige Königstraße (heute Poststraße) – Nr. 36 wohnte dreiunddreißig Jahre bis zu seinem Tod 1803 der Dichter Friedrich Gottlieb Klopstock, dessen Grab am nächsten Tag besucht wird – via Johannisstraße und Großer Burstah, einmal herum um den Hopfenmarkt zur Deichstraße ***(where fire broke out 1842). Saw Kneipe Zum-Brand-Anfang.***

Beckett hat sich also bereits über die Geschichte der Stadt kundig gemacht. Der Große Brand, ausgebrochen am 5. Mai 1842 in dem Speicher Deichstraße 42, wütete drei Tage lang, vernichtete den größten Teil der Altstadt samt Nikolaikirche und raubte zwanzigtausend Menschen ihr Obdach.

Im Weinhaus Rheinpfalz an der Ecke Schauenburgerstraße geht der Tag allmählich zu Ende. Wobei sich nach Genuss verschiedener Weinsorten ... ***drank 5/20 litre of 1935er***

Duttweilerer Siederich Riesling u. Traminer, a* [*nervous*] *& tasteless article, & do. of 1935er Leistädter Kirchenstück Riesling Spätlese, much better. (...) Next time try 1934er Deidesheimer Lettler Spätlese, das miserable Befinden eindeutig bessert: ***Angenehme Stimmung.*** Doch schon bald wird diese erneut aufs Empfindlichste gestört: Aus dem Radio plärren Hitlers und Goebbels, Übertragung ihrer Reden anlässlich der Eröffnung des »Winterhilfswerks« in Berlin. ***Apoplexy. They must fight soon (or burst),*** lautet die letzte Eintragung heute. Ein kassandrischer Ruf über die Nationalsozialisten und ihre eigentlichen Ziele.

7/10 MITTWOCH

Altona. Klopstocks Grab. Pension Hoppe. Franz Peter Martion.

Leitartikel des *Hamburger Fremdenblatts*: »Opfert für das Winterhilfswerk! Appell des Führers an das deutsche Volk«, ein Bericht über die Kundgebung anlässlich der Eröffnung des »Winterhilfswerks« in der Deutschlandhalle Berlin am Vortag. In Hamburg ging die Eröffnung mit allem Schwarz-Rot-Braun-Pomp über die Bühne der Staatsoper. Karl Kaufmann, der Gauleiter von Hamburg, rief zum Einsatz für das WHW als »selbstverständliches Gebot des Herzens und der Vernunft« auf.

Offiziell zur Linderung der allgemeinen Not im Oktober 1933 in Berlin eingerichtet, waren dem »Winterhilfswerk« – durch Sammlungen auf der Straße und an Haustüren, durch Kürzungen von Löhnen und Gehältern mittels so genannter »Spendenabzüge« und den vierwöchentlich mit immensem propagandistischem Aufwand durchgezogenen »Eintopfsonntagen« – laut *Fremdenblatt* bis Herbst 1936 bereits 1 082 437 694 Reichsmark zugeflossen. »Ein

Am Fischmarkt

Beispiel wahrer sozialistischer Leistung des deutschen Volkes.« Wobei, wie manch einer wusste, der Erlös vornehmlich Bedürftigen aus NSDAP-Kreisen zugute kam. In Hamburg hatte das WHW die Räume des Roten Kreuzes bezogen.

Heute ein Ausflug vor die Tore der Stadt, nach Altona – erst 1937, mit Inkrafttreten des »Groß-Hamburg-Gesetzes«, als Stadtteil eingemeindet –, zu Klopstocks Grab an der Christianskirche. Ringstraßenbahn bis Millerntor (das alte Torhäuschen wurde 2003 ein paar Meter zurück auf das angrenzende Gelände des 1922 eröffneten Museums für Hamburgische Geschichte versetzt), von dort zu Fuß über Reeperbahn und Große Freiheit hinunter zum Fischmarkt, dann wieder hinauf, die Palmaille entlang bis zur Christianskirche an der Klopstockstraße. ***Grave under shedding lime, grown over with ivy.*** Sonderbarerweise notiert Beckett sich jedoch nicht die Grabinschrift auf Friedrich Gottlieb Klopstocks Stein, sondern stattdessen den Bibelvers nach Johannes auf dem

Klopstocks Grab an der Christianskirche in Altona

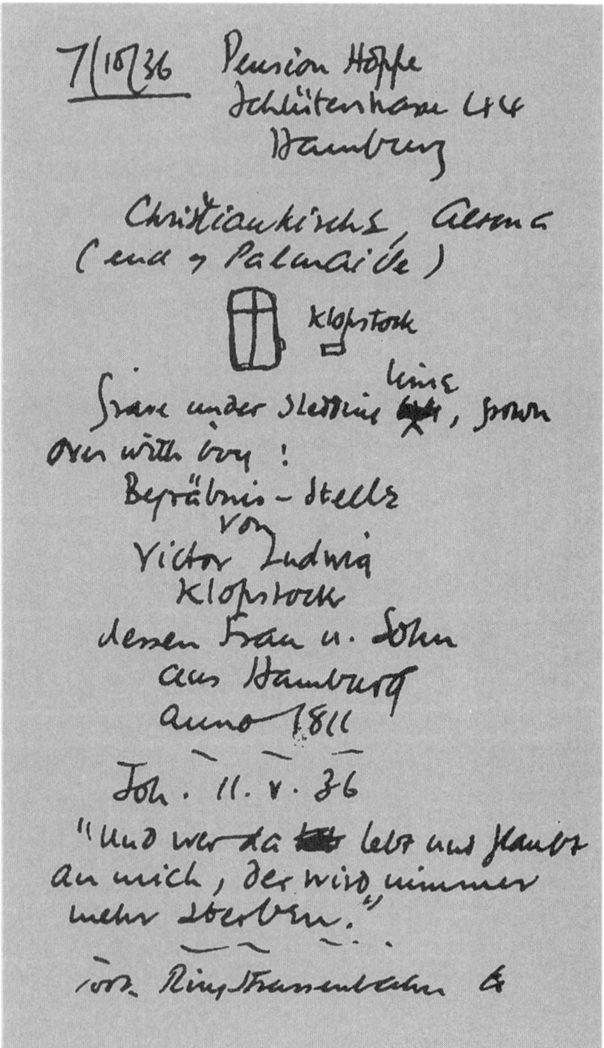
7/10/36 Pension Höpfe
Schlüterstrasse 44
Hamburg

Christianskirche, Altona
(end of Palmaille)

Klopstock

Grave under sleeping lime, grown
over with ivy!
Begräbnis-Stelle
von
Victor Ludwig
Klopstock
dessen Frau u. Sohn
aus Hamburg
anno 1811

Joh. 11. v. 36
"Und wer da lebt und glaubt
an mich, der wird nimmer
mehr sterben."

vor. Ringstrassenbahn 6

Skizze aus dem Tagebuch

Grabstein seines Bruders Victor Ludwig Klopstock (Handelskaufmann und Herausgeber zweier Hamburger Zeitungen) und »dessen Frau und Sohn aus Hamburg, anno 1811«: ***»Und wer da lebt und glaubt an mich, der wird nimmer mehr sterben.«***

Der lange Rückweg wird zu Fuß bewältigt: über Allee und Hamburger Straße (heute beide Max-Brauer-Allee), Schulterblatt und Eimsbütteler Straße (heute Budapester Straße), also entlang der Grenze zwischen Hamburg und Altona.

Zurück in den Colonnaden werden die Sachen gepackt, dann geht es per Taxi ***to Hoppe*** in die ***Schlüterstraße 44.*** Zur Pension (im Parterre des Eckhauses Schlüterstraße/Binderstraße) von Elisabeth und Kurt Hoppe, einem Ehepaar aus Pommern.

Hoppes hatten ihre Pension am 11. Juli 1934 als »Hauptbetrieb zur Vermietung an Reisegruppen« im damaligen »jüdischen Viertel«, nahe der Universität, eröffnet. Kurt Hoppe, 1891 in Daber geboren und 1972 in Hamburg gestorben, betätigte sich während der Saison auch als Reiseleiter, bis hinauf nach Skandinavien.

Elisabeth Hoppe, geboren 1889 in Torgau, starb bereits 1954 in Hamburg. Die Ehe wurde geschieden – möglicherweise in der Zeit, in der Beckett zu Gast war (am 28/11 notierte er: ***she [Frau H.] living apart from the Hinterpommer***) –, der Pensionsbetrieb dennoch gemeinsam weitergeführt. Nach der völligen Zerstörung des Hauses im Sommer 1943 begab sich Elisabeth Hoppe zunächst wieder in ihre Heimat und kehrte 1945 als Ostflüchtling zurück. Kurt Hoppe wurde noch im selben Jahr zum Volkssturm eingezogen. Zwei Jahre nach dem Krieg eröffneten beide erneut eine Pension, unweit der Schlüterstraße, in der Rothenbaumchaussee 122.

Hoppes hatten zwei Söhne, Manfred, geboren 1916, und Hans-Georg, geboren 1918, beide in Hamburg. ***There are 2 sons, one in artillery, the other learning merchant,*** notiert Beckett am

8. Oktober. Am 7. November wird Manfreds zwanzigster Geburtstag gefeiert, mit Pensionsgästen, Freunden der Familie, ***Erdbeerbowle, Tanz*** und Witzen aus Pommern. ***Nice boy, tiny black sparkling eyes in a fat rosy face (...) Drink at least ten glasses.*** (7/11)

Über Kurt Hoppes 1997 aufgehobenes Grab in Ohlsdorf konnte seine Lebensgefährtin ermittelt werden, die berichtete, viele Jahre zunächst eine weitere Pension mit ihm geführt, zuletzt eine Wäscherei an der Sternschanze betrieben zu haben. Außerdem bestätigte sie, dass beide Hoppe-Söhne im Krieg gefallen waren und sämtlicher persönlicher Besitz der Familie – und so auch alle Unterlagen der Pension in der Schlüterstraße – bei der Zerstörung des Hauses im Sommer 1943 vernichtet wurde.

In dem Ende der vierziger Jahre auf diesem Grundstück neu erbauten Haus schrieb 1951 Hans Erich Nossack (1901–1977) seine Erzählung *Unmögliche Beweisaufnahme*, 1936 jedoch hielt er sich nicht in Hamburg auf – der Ire Samuel Beckett und der Hamburger Kaufmannssohn Hans Erich Nossack sind sich nie begegnet. Aber sie wohnten jeder eine Zeit lang in derselben Straße, schätzten außerdem dasselbe Restaurant – das düstere Bahnhofsrestaurant im Dammtor (mit dem völligen Umbau des Bahnhofsgebäudes verschwunden) – und hatten beide, der eine viele Jahre, der andere nur einen Tag im Oktober 1936, mit einem für Hamburg nicht unbedeutenden Gelehrten zu tun: Dr. Benno Diederich (1870–1947), Biograf von Émile Zola und Alphonse Daudet, Lehrer Nossacks am Johanneum und Betreiber eines literarischen Salons. Beckett begegnet ihm am Sonntag, dem 25. Oktober 1936, im Haus von Helene Fera in der Bellevue, begleitet ihn anschließend in seine Wohnung in der Papenhuder Straße, wo es dann zu einem längeren Gespräch über die *Buddenbrooks* und Thomas Mann kommt, den Diederich persönlich kannte, wie auch dessen Schwester (Julia, genannt Lulu), ***who sich das Leben nahm.*** (25/10)

Und noch etwas hatten diese beiden Dichter gemeinsam: eine

Buchhandlung. Die Buchhandlung von Kurt Saucke, 1936 noch in der Bergstraße, später in der Paulstraße. Nossack betrat sie viele Jahre hindurch mindestens einmal wöchentlich – immer dann, wenn bei ihm zu Hause die Putzfrau wütete.

Schon beim ersten ***Abendbrot*** in Hoppes Pension wird Bekanntschaft geschlossen: ***Conversation after meal with one Martion, der Kaufmann lernt u. so ausseht.*** Die Entscheidung – trotz ***27 M. pro Woche halbe Pension*** –, in diese Pension zu wechseln, erweist sich also als richtig. Nicht nur mit Martion ***… typical young German sentimental Kaufmann, (…) anständig all the time, wringing nervous hands, etc.*** (11/10) vergeht noch so mancher, zuweilen durchaus heitere Abend. ***Knows English expressions in the »cuff link« category.*** (17/10)

Franz Peter Martion in den dreißiger Jahren (mit kleinem Bruder)

Dank Becketts Notiz, sein Vater sei Zahnarzt am Ständeplatz in Kassel gewesen, konnte Franz Peter Martion – 1912 in Prüm/Eifel geboren, inzwischen über neunzig Jahre alt – in seinem heutigen Wohnort bei Fulda ausfindig gemacht und einige Telefongespräche mit ihm geführt werden. Wobei er sich als launiger Geschichtenerzähler erwies und – auch aus seiner Zeit in Hamburg – manche Anekdote parat hatte. Auf die erste ihm gestellte Frage, ob er sich an Tischgespräche mit Samuel Beckett, 1936 in der Pension Hoppe in Hamburg, erinnere, antwortete er zunächst mit einer Gegenfrage: »Beckett, war das nicht ein Heiliger?«, und spielte damit auf Thomas Becket (1118–1170), den Engländer und Märtyrer für die »Ehre Gottes«, an. Ein Samuel Beckett, dessen Theaterstück *Warten auf Godot* 1953 uraufgeführt und der 1969 mit dem Nobelpreis für Literatur geehrt wurde, sagte ihm nichts. Selbst Ilse Lynn Schneider, eine damals junge Frau aus Harvestehude, der Beckett – wäre es nach ihm gegangen – gern näher gekommen wäre, erinnerte sich nicht an ihn (mehr dazu 13/11).
Franz Peter Martion lernte in der Schlipsbranche bei Charles Lavy an der Bleichenbrücke, ein Betrieb, der später »arisiert« wurde. Und vielleicht lässt sich die Anspielung auf jüdische Namen während eines Tischgesprächs durch den jüdischen Lehrherren erklären. ***Amusing names (mostlich jewish): Aftergesäusel, Trompetenschleim, usw.*** (13/10) Nach dem Krieg studierte Martion in Berlin und ergriff dann den Beruf seines Vaters beziehungsweise Stiefvaters, Zahnarzt. Sein Hobby war die Fotografie ***... explains all about Leica camera, Vergrösserungsapparat & Gott weiss was sonst.*** (13/10) Leider verbrannte ein Koffer mit etwa fünfzig Filmen, den er während des Krieges bei einem Freund in Berlin untergestellt hatte. Sonst hätten vielleicht ein paar Aufnahmen von dem Haus Schlüterstraße 44 in Hamburg und vielleicht auch Aufnahmen von seinem damaligen Tischgefährten und Zimmernachbarn in der Pension Hoppe die Erinnerung an diesen wach gehalten?

8–10/10 DONNERSTAG, FREITAG, SAMSTAG

Wieder Kunsthalle. Kirchen. Bücher. Buchhandlung Saucke.

Am Donnerstag zunächst wieder Kunsthalle, anschließend – wie auch in den beiden darauf folgenden Tagen – weitere Rundgänge. Binnen- und Außenalster werden umkreist, an der ***Schöne[n] Aussicht*** Rast eingelegt, der herrliche Blick auf die Kirchtürme genossen – ***esp. St. Petrikirche.*** Beckett erkennt die fünf Hamburger Hauptkirchen also bereits »von weitem«. Auch die prächtigen Eichen entlang dem Harvestehuder Weg sind eine Tagebuch-Bemerkung wert.
Dann genauere Betrachtung der Kirchen. Vorbei am Botanischen Garten und »Planten un Blomen« – dem 1935 als Beispiel gigantischer NS-Kulturpolitik und Arbeitsbeschaffungsmaßnahme auf dem Gelände des ehemaligen Tierparks am Dammtor-Bahnhof angelegten Volkspark –, vorbei an der Musikhalle, Holstenplatz und dem Strafjustizgebäude, Sievekingsplatz zunächst die ***Grosse Michaeliskirche.*** Jedoch, das ***Wahzeichnis v. Hamburg*** gefällt überhaupt nicht. ***Went in (…). Unbelievubly uwful and functional inside.***

Dreieinhalb Wochen später, am 1. November, stattet Beckett der großen Kirche an der Englischen Planke/Michaelisstraße (heute Ludwig-Erhard-Straße) erneut Besuch ab – in Begleitung seiner »Lotsin« Claudia Asher. ***Take lift to top (…) Es gibt Leute die zu Fusse gehen! Back by Paradies to SS, where she coffee & I Eisbrecher.*** St. Michaelis als launiger Abstecher auf einer »Kneipentour«.

St.-Michaelis-Kirche

Am Freitag, dem 9. Oktober, werden anschließend noch St. Petri, St. Jacobi, St. Katharinen und zuletzt St. Nikolai besichtigt.

Die St.-Nikolai-Kirche, damals gegenüber dem Paradieshof, heute direkt an der Ost-West-Straße gelegen, wurde nach ihrer Zerstörung durch den Großen Hamburger Brand 1842 von dem englischen Baumeister Gilbert Scott im Stil einer gotischen Kathedrale neu erbaut. Im Hochsommer 1943 diente ihr hoher Turm (147 Meter) den Alliierten als Orientierung bei der »Operation Gomorrha«. Erneut wurde die Kirche zerstört, die skelettartige schwarze Turmruine ragte Jahrzehnte wie ein Mahnmal aus der Stadt. Heute befördert ein Panoramalift im Inneren des Turms Touristen aus aller Welt auf einen der schönsten Aussichtsplätze.

Am selben Tag ist außerdem der erster Bücherkauf in Hamburg erwähnt – ***Then splashed 12 M. odd on*** **Baedekers Deutsches Reich.** ***Geld more & more knapp*** – und die erste Buchhandlung: ***And got address of secondhand book shop: Dörling, Speersort.***

Vier Buchhandlungen insgesamt sind im Tagebuch erwähnt. Außer Dörling Boysen am Heuberg, Glogau an der Bleichenbrücke und, wie schon genannt, Saucke in der Bergstraße 23.
Die stadtbekannte Buchhandlung von Kurt Saucke (1895–1970) sucht Beckett viele Male auf, die meisten Bücher, die er in Hamburg erwirbt, kauft er hier. Der junge Buchhändler Günter Albrecht, auf den er bei Saucke trifft (und dessen Freund Axel Kaun) gehören eindeutig zu den Menschen, denen begegnet zu sein – Albrecht in Hamburg, Kaun später in Berlin – für Samuel Beckett von einiger Bedeutung war. Abzulesen nicht allein an dem Tagebuch, sondern auch und vor allem an zwei Briefen, die Beckett an Günter Albrecht schrieb, die erst 2002/2003 im Albrecht'schen Nachlass entdeckt und als von Samuel Beckett stammend verifiziert wurden. (Siehe dazu 2/11 und 29/11.)
Ein Brief Becketts an Axel Kaun (vom 9. Juli 1937) war der Forschung seit langem bekannt, auch die Tatsache, dass Beckett die-

Buchhandlung Saucke in der Bergstraße 23

sen – ansonsten unbekannten Kaun – im Januar 1937 in Berlin traf. ***»… ein junger Buchhandelsadjunkt, der soeben von dem Verleger Ruhwoldt [Rowohlt] angeheuert wurde«***, schrieb er am 8. Januar 1937 in einem Brief an seinen Freund Thomas MacGreevy in Dublin. Alles Weitere jedoch wurde erst – auch dank der Nachforschungen des jüngsten Bruders von Günter Albrecht – in den beiden letzten Jahren bekannt und in einem Beitrag Klaus Albrechts für das *Journal of Beckett Studies* zusammengefasst. (Mehr dazu 2/11 und 29/11.) Axel Kaun starb im Mai 1983 in San Francisco.

Die Buchhandlung Saucke wurde im Krieg zerstört, anschließend in der Paulstraße weitergeführt, nach Kurt Sauckes Tod von seinen beiden Söhnen, Wolfgang und Hellmut. Seit einem Besitzerwechsel Anfang der neunziger Jahre findet man die Buchhandlung – immer noch unter ihrem alten Namen – an der Großen Burstah.

Günter Albrecht Ende der dreißiger Jahre

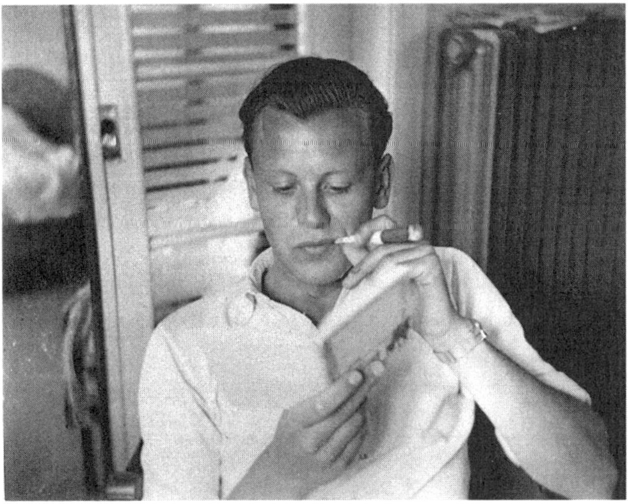

Axel Kaun Ende der dreißiger Jahre

Insgesamt siebenundneunzig Buchtitel hält Beckett im Hamburg-Kapitel der *German Diaries* fest (siehe Anhang), einundzwanzig davon werden von ihm gekauft. Überhaupt nimmt der Einkauf von Büchern so enorm zu, dass es immer unmöglicher wird, alle mit sich zu schleppen. Beckett lässt sie verpacken und voraus nach Irland schicken.

Die Zeit zwischen Kirchenbesichtigungen und Rückkehr in die Pension vergeht zunächst im Fletenkieker, der bekannten Kellerkneipe unter dem Speiserestaurant Alt-Hamburger-Bürgerhaus, Grimm 30, anschließend, es ist bereits dunkel geworden, zieht Beckett noch etliche Kreise – ***round & round Großneumarkt.*** Zum Supper bei Hoppes heute: ***Kohlroulade, oder, gestopfter Kohl.*** Anschließend Konversation mit ***Hoppe, Luther (!) (Journalist on*** **Hamburger Tageblatt,** ***amusing)***, später kommt auch Martion dazu – und irgendwann geht auch dieser Abend zu Ende: ***To bed in another room (...) under kolossal Pferdedecke that woke me up sweating like Judas, and explains German for nightmare being Alp.***
Herr Luther logiert offenbar mit seiner Mutter in der Pension Hoppe, feiert am 16. Oktober hier seinen Geburtstag und entpuppt sich mehr und mehr als ***silly nazi.*** Am 10. Oktober – einem insgesamt offenbar langweiligen Samstag ohne bemerkenswerte Ereignisse – schenkt er Beckett eine Eintrittskarte ***for Charity (German nationals in Spain) concert to-morrow at 11 1/2 in Ufa Palast. Dull day.***

11/10 SONNTAG

Blaskapelle. Reeperbahn.

Das Konzert um halb zwölf im Ufa-Palast (des 1929 eröffneten, angeblich »größten Kinos Europas« im Gebäudekomplex des Deutschlandhauses am Gänsemarkt) verläuft nach Becketts Schilderung so: ***Went to concert SS Blasekapelle, bit of documentary film (Moskau droht), speech from one Lorenz (I stretched out the wrong arm to Horst Wessel & Haydn), then more blasts from the Kapelle.***

Im *Hamburger Fremdenblatt* konnte man einen Tag später darüber lesen: »Zugunsten der Spanienflüchtlinge veranstaltete der SS Abschnitt XV der NSDAP am Sonntagvormittag im Ufa-Palast ein Morgenkonzert, das im vollbesetzten Haus einen sehr erfreulichen finanziellen Erfolg buchen konnte. Die Musikzüge der SS-Standarte spielten in klangschöner und vortrefflich disziplinierter Wiedergabe Konzertmusik und Aufmärsche (...) SS-Gruppenführer Lorenz dankte in einer Ansprache den Konzertbesuchern ...«
Ein paar Wochen darauf berichtete dasselbe Blatt über Werner Lorenz' Beförderung zum SS-Obergruppenführer (9. November 1936).

Vorzeitig verlässt er das Konzert – ***Did not wait till end*** – und isst, ohne sich darum zu scheren, dass es sich um den ersten »Eintopfsonntag« der Saison handelt, am Zeughausmarkt ***Würstchen & Bratkart.*** Auch eine Aussage. Anschließend Zeitvertreib auf dem Fischmarkt und wieder Reeperbahn. ***Glorious day. Sun going down again at end***

Blick auf Stadtschänke und Ufa-Palast im Deutschlandhaus am Gänsemarkt

of Reeperbahn, the extraordinary directness & dazzle of its farewell shine down Neuer Steinweg. In der üblichen Schlüterstraßenrunde geht der zweite Sonntag in Hamburg zu Ende.

12/10 MONTAG

Akademische Auslandstelle. Kontakte.

Heute führt Kurt Hoppe seinen irischen Gast zunächst in der Akademischen Auslandstelle ein, Klopstockstraße 31 (heute Warburgstraße, Nähe Dammtor-Bahnhof). Name und Hamburger Adresse werden hinterlegt.

Die Akademischen Auslandstellen wurden 1928 innerhalb deutscher Universitäten eingeführt. Zu deren Aufgaben gehörte es, »das Ausland über Studium und Leben in Hamburg aufzuklären und den Aufenthalt der hier studierenden sowie zu Studienzwecken durchreisenden Ausländer in jeder Weise nutzbringend und gastlich zu gestalten«. Außerdem eröffnete sie deutschen Studenten und jungen Akademikern die Möglichkeit, sich für die Dauer eines Studienjahrs um einen Studienplatz im Ausland zu bewerben. Es gab haupt- und ehrenamtliche Mitarbeiter. Jedem Gast wurde ein »Lotse« zugeteilt, der sich dem Ausländer gegenüber als wirklicher »Kamerad« erweisen sollte, und zwar – wie Roland Adolphi, der Leiter der Hamburger Auslandstelle (von Beckett am 1/12 namentlich erwähnt), im *Hamburger Studentenbuch 1938/1939*

Akademische Auslandstelle Hamburg e. V.

Hamburg 36, Klopstockstraße 31, ☎ 44 59 19.
Bankverbindung: Vereinsbank in Hamburg (St im Lageplan).

Aufgabe der Auslandstelle ist es, das Ausland über das Studium und Leben in Hamburg aufzuklären, auf einzelne diesbezügliche Fragen Auskunft und Rat zu erteilen und den Aufenthalt der hier studierenden sowie durchreisenden Ausländer in jeder Weise nutzbringend und gastlich zu gestalten.

(Auskunft über Studien-, Examens- und Lebensbedingungen, Wohnungsvermittlung, Hilfe beim Einschreiben, deutsche Sprachkurse und Sprachpflege, Sprachaustausch, gesellschaftliche Veranstaltungen, Einführung in deutsche Familien, Vermittlung von Sprachunterricht und Übersetzungsarbeiten. Führung ausländischer akademischer Reisegruppen).

Gleichzeitig ist die Auslandstelle Beratungs- und Vermittlungsstelle für deutsche Studenten, die zum Studium ins Ausland gehen oder ausgetauscht werden wollen.

(Auskunft über Studium und Ferienkurse im Ausland, Hilfe im Ausland durch die Vermittlungsstellen London, Paris, Madrid, Budapest usw., Sprachaustausch, deutsch-ausländisches Gemeinschaftsleben, Vertrauensstelle des Deutschen Akademischen Austauschdienstes Berlin).

Auslage der Monatsschrift „Hochschule und Ausland".
Sprechstunden: Siehe Schwarzes Brett.

Deutsch-ausländisches Studentenwohnheim

Hamburg 36, Klopstockstraße 31, ☎ 44 04 05 (St im Lageplan).

Das Deutsch-ausländische Studentenwohnheim bietet ausländischen Studenten und Jungakademikern alle Vorzüge eines modern eingerichteten Wohn- und Studienheimes sowie die Möglichkeit, mit Deutschen kameradschaftlich zusammenzuleben. Das Heim enthält eine Reihe geräumiger Wohn- und Schlafzimmer (größtenteils Einbettzimmer) sowie große Klub- und Gesellschaftsräume.

Das Wohnheim hat unmittelbaren Zugang zum Studentenhaus in der Neuen Rabenstraße 13, in dem die Mahlzeiten eingenommen werden. Das Heim befindet sich in einer ruhigen Seitenstraße im Zentrum Hamburgs, in nächster Nähe der Universität.

Anträge auf Aufnahme sind rechtzeitig vor Semesterbeginn an die Akademische Auslandstelle Hamburg e. V. (siehe oben) zu richten.

Über **Ferienkurse für Ausländer** an der Hansischen Universität, **Deutsche Sprachkurse für Ausländer** und **Deutschen Sprachunterricht für Ausländer** siehe Näheres auf der letzten Umschlagseite.

Personal- und Vorlesungsverzeichnis der Hansischen Universität, Wintersemester 1936/1937

schrieb – »nicht mit Worten, sondern mit einer Tat«. Wöchentliche »Heimabende«, Führungen, vor allem große Feste zu Semesterbeginn, an denen sich auch die Hamburger Gesellschaft beteiligte, gehörten zum festen Programm.

Mitte der dreißiger Jahre (genaues Datum unbekannt) veröffentlichte das *Hamburger Fremdenblatt* unter der Überschrift »Im Dienste der Lügenbekämpfung« folgenden Appell der Akademischen Auslandstelle: »Sehr geehrte Herren! Sie haben die Gastfreundschaft als Studierende in Hamburg genossen und haben durch die Akademische Auslandstelle Hamburg die Möglichkeit gehabt, die Anschauungen deutscher Familien kennen zu lernen. Sie sind also die berufenen Persönlichkeiten, die im Auslande über den Charakter des deutschen Volkes am besten Aufklärung geben können. Wir bitten Sie herzlich, mit allen Mitteln dahin zu wirken, daß die Lügenberichte über die Zustände im Deutschen Reich vermieden oder zum mindesten nicht geglaubt werden.« Im Weiteren berichtete die Zeitung, dass ein ebensolcher Aufruf an die deutschen Studenten im Ausland ergangen sei, um »der unbegründeten Greuelpropaganda entgegenzutreten«.

Roland Adolphi, Leiter der Akademischen Auslandstelle, stammte aus Riga und hatte seinen Posten offenbar einem 1933 aufgesetzten Empfehlungsschreiben seines Onkels, eines Vizeadmirals Rogge, an Bürgermeister Krogmann zu verdanken. Darin hieß es, dass allein die lettische Staatsbürgerschaft des Neffen dessen Eintritt in die NSDAP bisher verhindert habe. Aus einer zunächst weltoffenen Einrichtung war sehr schnell eine von den Nationalsozialisten unterwanderte und für deren Ziele agierende Organisation geworden.

Drei Tage vor seiner Abreise aus Hamburg besucht Beckett Adolphi, um über ihn an ein Papier zu kommen, welches ihm – so seine Hoffnung – Zutritt zu Magazinen weiterer deutscher Museen ermöglichen soll. Während seines letzten Besuchs in der Kunsthalle am 19. November gelingt ihm so bereits ein Zutritt – allerdings durch Vermittlung Rosa Schapires und nicht ohne Folgen, wie ein Dokument der Hamburger Kunsthalle beweist (siehe hier 19/11).

Anschließend lässt Kurt Hoppe – augenscheinlich nicht ohne Stolz – weitere seiner guten Beziehungen für den interessanten Iren spielen. Nah am Berliner Tor betreten sie zunächst ***a colossal modern building*** Beim Strohhause 38, verlassen es gemeinsam mit einem Herrn Schlüter, um dann in ein ebensolches Gebäude ganz in der Nähe zu wechseln ***when eventually after much H H Anschluß with Herr Dr. Reichert aus Schlesien.***

H H, Becketts Abkürzung für den Hitlergruß! Wiederum eine doppeldeutige Kontraktion, die er so manches Mal einsetzt (hin und wieder steht ein einzelnes ***H.*** auch als Abkürzung für Kurt Hoppe). ***Würste in Bierstube. H H ohne Unterlass,*** heißt es im Tagebuch am 5. Dezember in Braunschweig, und an seine Freundin Mary Manning Howe (hier bereits erwähnt am 5/10) schreibt er am 14. November: *»Alle Klowärter sagen Heil Hitler.«* Auch den Begriff ***Anschluß*** benutzt Beckett in seinen *German Diaries* eindeutig doppeldeutig.

Nach gründlicher Befragung – ***(money, married or not, age, etc.)*** – verspricht Dr. Reichert, etwas zu organisieren. ***Hoffentlich wird das klappen.*** Dann wird der »Anschluß-Rundgang« fortgesetzt, wobei Hoppe – ***a very decent little man. Comic walk, between a mince & a steamroller*** – nebenbei die eine und andere ***Gegenseitige Gefälligkeit*** abwickelt. Bis in die Stadtschänke reichen seine guten Beziehungen.
Auf dem Heimweg trennt man sich. Beckett sucht noch das Antiquariat Dörling am Speersort auf, ehe auch er sich, wie

üblich, zum Supper in der Schlüterstraße einfindet, wo es am heutigen Abend mit einem neuen Gast – ***A Frau Funck (Witwe)*** – besonders amüsant zugeht. Nach einem halben Liter Bier ***Tired to bed. Tischlampe kaputt.***

13/10 DIENSTAG

Geld. Kunsthalle. Hellmuth Reichert.

Money knapper & knapper, dritter Besuch in der Hamburger Kunsthalle. Heute sind die holländischen Landschaften an der Reihe. Anschließend ein weiterer Besuch bei Dr. Reichert, der wegen einer Armverletzung im Kindesalter sowohl vom Arbeitsdienst als auch vom Militärdienst befreit ist. Im Gespräch ***Half English, half German*** über ***Genossenschaftswesen & English parallels*** spazieren die beiden jungen Herren – Reichert ist vier Jahre jünger – durch den Hammerpark, aber trotz des ersten Eindrucks ***Ein netter Mensch*** lautet (nach weiteren Begegnungen) am 17. November das Resümee: ***These people are too far away.*** Da lädt der Breslauer den Iren zu einem kleinen Fest anlässlich seines inzwischen erfolgten Umzugs in den Hammer Hof 17 ein, ***»Mausi«*** kommt dazu, als ***The triple entente, familiar*** sieht man sich Privatfotos von Reichert an – Reichert in für ihn vorteilhaften Positionen –, trinkt Wein und isst Sandwiches. ***»Mausi«*** will wissen, ob sich Beckett in der Kunsthalle auch Gêromes *Phryne vor den Richtern* angesehen habe, das beste Bild der Welt, und fordert ihn auf, sie in ihrer Wohnung zu besuchen. ***She is really a nice little whore.*** Es ist genug! ***Tram to Dammtor (...) Bed 1 1/2. Tomorrow Busstag.***

Dr. Hellmuth Reichert, Diplomvolkswirt, wurde 1910 in Breslau geboren und starb 1945 in Hamburg. Der Titel seiner Dissertation lautete: *Die Neuordnung der Wohlfahrtspflege im nationalsozialistischen Staate.* Er heiratete Ende der dreißiger Jahre in Hamburg, hatte zwei Kinder und wohnte zuletzt am Woldsenweg in Eppendorf.

14–16/10 MITTWOCH, DONNERSTAG, FREITAG

Altstadt/Neustadt. Speisen und Getränke.

Drei Tage – ***Schleussiches*** [sic] ***Wetter. Crawled out after 1 (...) to Stadtschänke. Sülze. Gräßlich.*** (15/10) – zwischen Altstadt und Neustadt. Der Weg vorbei am jüdischen Friedhof (das Gelände, auf dem heute die Staats- und Universitätsbibliothek und das Audimax stehen), durch Grindelhof und Renzelstraße zum Mohlenhof und Meßberg wird notiert. ***Huge Kontorhäuser.*** Sprinkenhof, Ballin- und Chilehaus. Letzteres mit dem Namen seines Architekten, Fritz Höger (1877–1949).

Das Chilehaus, erbaut in den Jahren 1922 bis 1924 im Auftrag des Hamburger Kaufmanns Henry B. Sloman – der sein Vermögen mit Salpeterhandel in Chile machte –, galt als Symbol des Aufbauwillens während der Inflationszeit. Jetzt wurde der monumentale Backsteinbau in Form eines Passagierschiffs auf die Liste des »Weltkulturerbes« gesetzt.

Pleasant fountain (Meßberg-Brunnen) (...) another fountain (Kaiser-Karl-Brunnen), which I turned round in a sudden pelt of rain.

Caffamacherreihe

Außerdem noch einmal Otto Lembke, augenscheinlich – der Besuch erfolgt unangemeldet – heute ***gesoffen***, um dort zurückgelassene Wäsche abzuholen. Diese wurde jedoch inzwischen in eine Wäscherei in der Caffamacherreihe gegeben – welche nicht so ohne weiteres zu finden ist. Auch auf Lembkes Hausnummernangabe ist kein Verlass.
Drei insgesamt wenig erbauliche Tage, mit Lunches im Rathaus-Weinkeller – ***Aalsuppe & Roquefort & Trittenheimer. Aalsuppe excellent, but the plums perhaps a mistake …*** –, im ***Ringhaus (Zum Elefanten)*** am Karl-Muck-Platz – ***Ate colossal lunch for 1 RM*** – und Kaffee im Alsterpavillon. Aber auch mit intensiver Arbeit im Pensionszimmer. ***Work (!!) till supper.***

Am Abend des Freitags – ***Another filthy day*** – heitert die Stimmung endlich auf: ***Then wild [mild] Feier with Frau Hoppe (aus Posen) dabei Rheinpfalz & the ewige Kuchen.*** In der Schlüterstraße 44 wird der Geburtstag des besagten Herrn Luther begangen, spät in der Nacht noch ***Rum punch*** gereicht.

Über fünfzig Speisen und Getränke – meistens mit Preisen – notiert sich Beckett im Hamburg-Kapitel des Tagebuchs. Eine Welt für sich, Essen und Trinken – genießen. Wobei die Bemerkung, dass es sich bei den Pflaumen in der Aalsuppe (die in seiner Erzählung *Erste Liebe* wieder auftaucht – siehe dazu hier 25/10) wohl um einen Fehler gehandelt habe, zeigt, dass niemand Beckett über den Ursprung des Begriffes »Aalsuppe« aufklärte. Eine Suppe »aus allem«, plattdeutsch »ut aal«, also eine Arme-Leute-Suppe, der bei besonderen Anlässen vielleicht auch ein paar Aalstückchen beigegeben wurden, und die so – die plattdeutsche Bezeichnung hochdeutsch anwendend und wohl unter mehr Zugabe von Aal – irgendwann als Aalsuppe in die Kochbücher einging und als solche auf die Speisekarten und in die Suppenteller kam.

17/10 SAMSTAG

Erstes Telefongespräch mit Claudia Asher. Martion. Bananen.

Die Akademische Auslandstelle übermittelt per Telefon den Namen einer »Lotsin«, Claudia Asher, Schäferkampsallee 37. Anruf bei ihr, Verabredung für den kommenden Dienstag. ***Unangenehme Stimme hatte sie. Probieren kann nicht schaden. Oder doch? Hundewetter again.*** Nach vierzehn

Tagen in Hamburg ist die Stimmung – einmal wieder – auf dem Nullpunkt.
Mittags stopft sich Beckett in der ***SS (Stadtschänke, not Saal Schutz)*** mit einem ***depraved Gemüsetopf*** voll, schleppt sich ***through a großes Pilsener*** zum Dammtor-Bahnhof, anschließend ins Pensionszimmer, um zu arbeiten. Ungewöhnlicherweise bleibt am heutigen Abend jedoch die Küche für die Gäste kalt, Hoppes bewirten eine Privatgesellschaft zur Nachfeier von Luthers Geburtstag. Und so vergeht der Abend mit Martion – auf dem Zimmer. ***Gave him a banana.***

Becketts Vorliebe für diese gelbe, eigenartig geformte Frucht ist bekannt, gibt Rätsel auf – und hat viele Deutungen hervorgebracht. In seinen Stücken spielt sie ihre »eigene Rolle«. Was wäre der alte Krapp in *Das letzte Band* ohne seine Banane(n)? Im Tagebuch ist ihr Einkauf – jeweils mit Preisen – buchhalterisch vermerkt.

Spät in der Nacht empfiehlt der Zimmergast – ***improves on acquaintance, on a little acquaintance*** –, sich, um noch schneller Deutsch zu lernen und um noch mehr Gesellschaft zu haben, doch bei einem Lehrer oder Pfarrer auf dem Lande einzuquartieren, ***Perhaps somewhere near Lüneburg would be tolerable.*** Wobei alles selbstverständlich allein davon abhänge, wie lange überhaupt noch zu bleiben der Ire gedenke. ***Alles kommt auf so viel an.*** Gegen zwölf Uhr trennt man sich.

18/10 SONNTAG

Fahrräder. Kunsthalle.

Out early, trotz dem Wetter. Am dritten Sonntag, den Beckett im Herbst 1936 in Hamburg verbringt, wird die »Meisterschaft der Zeitungsradfahrer« ausgetragen ***... dreimal rund um die Aussen-Alter*** [sic], ***under the pours of rain. Dem Sieger ein Motorrad.***

Ein Rennen also, in nichts zu vergleichen mit den heute regelmäßig stattfindenden gigantischen Radsportveranstaltungen, für die nach exaktem Zeitplan ganze Stadtteile abgesperrt werden. Damals gingen um zehn Uhr vor dem Alsterpavillon am Jungfernstieg 450 Teilnehmer an den Start. ***Won by Fremdenblatt.***
Beckett, selbst passionierter Rad-, Moped- und Motorradfahrer, war für seinen rasanten, zuweilen wohl auch leichtsinnigen Fahr-

Glockengießerwall

stil bekannt, sein Auftritt mit Lederkappe und Schutzbrille in der Umgebung von Foxrock legendär. Bereits vor Eintritt ins Dubliner Trinity College im Oktober 1923 verursachte er mehrere Unfälle, bei der Austragung eines Amateur-Motorradrennens – 1925, quer durch die Wicklow-Berge – soll er allerdings mit fünf weiteren von insgesamt sieben Teilnehmern wohlbehalten durchs Ziel gefahren sein. Seine erste Reise durch Frankreich 1926 unternahm er mit dem Fahrrad.

Auch in seinem Werk tauchen die zwei Räder immer wieder auf, ob mit eigener Kraft oder motorbetrieben. *»Das Fahrrad ist ein hohes Gut. Aber bei falschem Gebrauch wird es gefährlich«*, heißt es in dem Roman *Mercier und Camier.*

In seinem Buch *Samuel Beckett & seine Fahrräder* führt Friedhelm Rathjen sämtliche »Rad-Zitate« vor, macht darüber hinaus auf Becketts Art zu schreiben, seiner Art sich zu wiederholen als Perpetuum mobile aufmerksam und deutet das im Typoskript eines der späten Texte, *The Way,* benutzte Ewigkeitszeichen (die Lemniskate, die »liegende 8«) als Bi-Zyklus (bicycle) – also als die abstrakteste Form eines Fahrrads.

Und nicht zuletzt lautet eine der vielen Antworten auf die immer wieder gestellte Frage, wer denn nun dieser Godot sei, auf den Wladimir und Estragon seit Jahrzehnten ungezählte Theaterabende lang – vergeblich – warten: ein alter Radrennfahrer, der eine Zeit lang Becketts Interesse auf sich zog, weil er, nicht zu bremsen, bei sämtlichen Veteranen-Rennen quer durch Frankreich mit an den Start ging – und jedes Mal als Letzter durchs Ziel fuhr. Sein Familienname: Godeau.

So typisch für Beckett, folgt auch heute auf Banales wieder »Erhabenes«. Nahtlos. Kaum ist das Radrennen zu Ende, wird wieder die Kunsthalle aufgesucht. Vielleicht trägt auch das miserable Hamburger Wetter zu dieser Entscheidung bei?

In seinem Einakter *That Time/Damals* heißt es: *»… als du reingingst aus dem Regen immer Winter wars immer Regenwetter damals in der Gemäldegalerie von der Straße rein aus Kälte und Regen reinschlichst als niemand hinguckte und durch die Räume zitternd und triefend bis du eine Bank fandest eine Marmorplatte und dich hinsetztest um auszuruhen um zu trocknen und los verdammt raus da wann war das …«*

Heute sind Stillleben und Landschaften an der Reihe, die – zum Teil mit Bewertung – in das Tagebuch eingetragen sind. *Reiter in der Düne* von Wouwermann, *Mondlandschaft* von van der Neer, ***exquisite.*** Funhof *Maria im Ährenkleid*, ***excellent.*** Burgmair ***Xtus am Oelberg, good.*** Paul Potters *Grauschimmel*, ***not very interesting.*** Steigerung: ***The foulest of foul Dous*** **(Büssende Magdalen)**.

Der Regen lässt nicht nach. Unterschlupf in *SS*, ein Rührei und zwei Tassen Kaffee, anschließend Pensionszimmer. ***Worked at German till supper.*** Jedoch nicht einmal die am heutigen Abend wohl außergewöhnlich heitere Gästerunde vermag die insgesamt düstere Stimmung aufzuheitern. Im Gegenteil. Das Geschnatter, ein hermetischer Sprachblock, in den einzudringen unmöglich – aus dem Beckett ausgestoßen ist. Die letzten Zeilen heute: ***Even to listen is an effort, & to speak ausgeschlossen (…) How absurd, the struggle to learn to be silent in another language! (…) The struggle to be master of another silence! Like a deaf man investing his substance in Schalplatte*** [sic], ***or a blind man with a Leica.***

»… Beim Stürzen hörte ich die Tür knallen, was mir Trost verschaffte, sogar mitten im Sturz. Denn es bedeutete, daß man mich nicht bis auf die Straße verfolgte, mit einem Prügel, um mich zu verprügeln, vor den Augen der Passanten. Denn wenn es ihre Absicht gewesen wäre, hätten sie nicht die Tür zugeknallt, sondern sie offengelassen, damit die in der Diele

versammelten Personen die Zurechtweisung genießen und eine Lehre daraus ziehen könnten. Sie hatte sich also für diesmal damit begnügt, mich lediglich hinauszuwerfen …«, heißt es in Becketts Erzählung *Der Ausgestoßene*. Eine Erzählung, die viel von seiner »Grundstimmung« – seinem Lebensgefühl – mitteilt. (Siehe hier auch 1/11.)

19/10 MONTAG

Geld. Eltern.

Zunächst zur Bank. Der letzte Scheck – ***100 M*** – wird eingewechselt und sicherheitshalber die Telefonnummer hinterlassen, um bei – eigentlich längst fälligem – Geldeingang sofort informiert werden zu können.

Trotz der gravierenden Auseinandersetzungen mit seiner Mutter – die letztlich mit zu seiner überstürzten Abreise aus Irland geführt hatten –, lässt sie »den verlorenen Sohn« im fernen Deutschland nicht »vor die Hunde gehen« und überweist ihm regelmäßig kleine Summen, die zwar zu äußerster Sparsamkeit zwingen – was wohl auch ihre Absicht war –, ihm aber die Reise und den Aufenthalt überhaupt ermöglichen. Hin und wieder scheint es bei diesen Transaktionen jedoch zu Verzögerungen gekommen zu sein, wodurch sich die insgesamt labile Stimmung noch verschlechtert. Ganz abgesehen davon, dass Mietrückstände Herrn Hoppes Geduld aufs Empfindlichste strapazieren.

Angesichts der momentan also äußerst prekären finanziellen Lage wird bei Boysen vorerst auf den Kauf einer deutschen Grammatik von Otto Sauer – mit der bereits geliebäugelt wurde, ***but 5.50*** – verzichtet, dennoch abends gemeinsam mit Kurt Hoppe in Stadtschänke und Stadttheaterrestaurant kräftig auf die Pauke gehauen.

Das Stadttheater an der Dammtorstraße (heute die Hamburger Staatsoper) beging 1927 sein hundertjähriges Jubiläum.

Um die Mittagszeit erneut ein Besuch der Petrikirche. Im Angesicht der Apostel in den Glasfenstern hinter dem Altar und bei Orgelklängen von der Empore – ein erhabener Augenblick – ein stilles Gedenken an den toten Vater – ***ça me tue …*** Auch ein Brief an die Mutter verlässt heute Hamburg.

20/10 DIENSTAG

Binnenhafen. Claudia Asher. Orkan.

Ein Vormittag zwischen Binnenhafen und Fleeten, vorbei an den Speicherhäusern – ***one from 1601*** –, beeindruckend die von den Giebeln herabhängenden Flaschenzüge! Lunch bei ***Lievens*** am Jungfernstieg, eine unzumutbare Wirtschaft. Kein Platz, fades Essen, nichts zu trinken, ***no smoke, & and everybody bleating Mahlzeit.*** Ein anderer, unsäglicher »deutscher Gruß«. Bis heute.

Gegen vier Uhr nachmittags die erste Deutschstunde bei ***Claudia Asher*** in der Schäferkampsallee 37. An den Wänden ihres Zimmers hängen ein Porträt von Beethoven ***woodcut with waves*** und die Reproduktion eines Gemäldes von Meindert Hobbema. ***Quite a pleasant little schoolmistress.***

Die Fotos von Claudia Asher zeigen eine etwas dralle, dunkeläugige Frau. Sie wurde 24. Juni 1902 als Tochter des Rechtsanwalts Dr.

Hamburger Hafen, links Kaiserspeicher

Otto Heinrich Asher und seiner Frau, Franziska Henriette Claudia Busch, in Hamburg geboren. Der Vater, jüdischer Herkunft, starb jung. Die Geschwister, ein Bruder und eine Schwester, verließen Hamburg aus Furcht vor zunehmenden Repressalien bereits Anfang 1936. Claudia blieb bei ihrer Mutter. Und obwohl ihre große Sympathie für den vier Jahre jüngeren Iren von ihm in keiner Weise erwidert wurde, vergaß sie – wie sich jetzt herausstellte – Samuel Beckett nie, nahm bis an ihr Lebensende Anteil an seinem Leben. Eine Nichte und ein Neffe aus der Asher-Familie tradieren zwar den schönen Satz ihrer Großmutter Franziska Henriette: »Beckett? Der war doch verrückt«, konnten sich an Äußerungen der Tante selbst über ihn jedoch nicht erinnern, wohingegen eine Nichte ihres Mannes, des Schreibwarenvertreters Friedrich Feldhoff (den Claudia Asher 1938 heiratete), durchaus um das Interesse ihrer »belesenen Tante« an Samuel Beckett wusste. So bewahrte sie

Claudia Asher als junge Frau

zwei Beckett-Ausgaben und einen Zeitungsartikel – über das am 10. Dezember 1969 im Fernsehen gezeigte Porträt des Dichters von Jürgen Breest – aus deren Nachlass auf. Und, eine kleine Sensation, einen Briefentwurf Claudias an »Dear Samuel Beckett«.

»19. 12. 69. Dear Samuel Beckett, my congratulations did no more reach you in Berlin, but were sent back by ›Schiller-Theater‹. ~~Of course, I wrote at once~~. For Xmas and the New Year all my best wishes! Auf Wiedersehen! Yours Claudia. PS. I should be ever so glad to meet you ~~again~~. If you can, tell me the month you come ~~in time~~. Otherwise it might be that ~~you~~ we are not here.«

Seit dem 5. Oktober 1969 wurde am Berliner Schillertheater *Das letzte Band* in Becketts eigener Inszenierung gespielt (mit Martin Held in der Rolle des Krapp), und Ende Oktober war die Nachricht von der Verleihung des Nobelpreises an ihn um die Welt gegangen.

Claudia Asher, die im Herbst 1936 dem noch unbekannten Dichter ein paar Wochen lang Deutschunterricht gab und ihn auf etlichen Rundgängen durch Hamburg begleitete, die nach einer Stimmbandentzündung ihren Wunsch, Sängerin zu werden, schon früh aufgeben musste und trotz eines erfolgreich abgeschlossenen Deutsch- und Anglistikstudiums aufgrund ihrer Abstammung kein Lehramt bekam, die keine Kinder hatte und als etwas »überkandidelt« galt, starb am 23. November 1979 in einem Seniorenheim in Wedel. Die Wohnung in der Schäferkampsallee hat sie nach der Heirat mit Friedrich Feldhoff aufgegeben und bis Mitte der siebziger Jahre mit ihm zusammen in der Kellinghusenstraße 25 gewohnt.

Claudia Asher täuscht Beckett. Sie ist die einzige Person in Hamburg, die seine sonst so exakten »Wortskizzen« nicht »im Kern« treffen. Im Dienste der Akademischen Auslandstelle tätig, gibt sie sich angepasst, systemtreu. Vielleicht in der Hoffnung auf ein Auslandsstipendium? Am Ende eines jeden Jahres wurden Bewertungen vorgenommen – und danach ausgewählt.

Beim Abschied nach der ersten Unterrichtsstunde reicht Claudia ihrem Schüler – Becketts Erkältung ist noch nicht überwunden – ***a Tempo paper handkerchief.***

Eine zunächst verwunderliche Tagebucheintragung. Aber tatsächlich hatten schon im Januar 1929 die Papierwerke in Nürnberg *Tempo* als erste deutsche Papiertaschentuchmarke beim Reichspatentamt in Berlin angemeldet und seitdem produziert. Der Charakter des Schriftzugs auf der Verpackung ist bis heute erhalten.

Resümee am Abend: ***It won't be amusing with her, but Auslese not available.*** Und am 1. November setzt Beckett noch eins drauf: ***Her Kraft durch Freude conversation kills me.*** Tatsächlich geht Claudia Asher an dem Tag so weit, ihm, beim Abwägen von Lokalen, vom Alsterpavillon abzuraten – ***loose women & Jews*** – und für seine weitere Reise zwei Restaurants in Berlin zu empfehlen, in denen angeblich ***Goebbels, Göring etc.*** verkehren. Ob sie die Bü-

cher wirklich schätzt, die sie dem »Schüler« gleich bei der ersten Begegnung ans Herz legt? Wilhelm Müselers *Deutsche Kunst im Wandel der Zeiten*, Hans Pferdmenges' *Deutschlands Leben*, vor allem Ernst Wiechert. Dessen *Die Magd des Jürgen Doskocil* und *Spiel vom deutschen Bettelmann*, ***a sentimental sententiousness & tendentiousness***, befindet Beckett. ***Germany on dungheap, etc. So bad that* Der Tod mit müder Hand *seemed good.*** Ein so schlechter Text, dass ein schlimmer Satz gut erscheint.
Orkan – ***the worst »seit Menschen denken«***. Bei Windstärke 12 überflutet das Alte Land. Während des gesamten Aufenthalts nimmt Beckett regen Anteil an Wetter und Unwetter in Hamburg und an der norddeutschen Küste – und auch, wie das Zitat zeigt, an der Berichterstattung darüber. Sieben Tage später ***SW hurricane*** über der Küstenregion, das Feuerschiff »Elbe 1« sinkt, die Deiche drohen zu brechen. Er erwägt, sich den Rettungsmannschaften anzuschließen.

21/10 MITTWOCH

Philipp Otto Runge. Ernst Barlach. London.

Fünfter Besuch in der Kunsthalle. Deutsche Romantiker. Die meisten werden abgelehnt, Philipp Otto Runge steigert den Unmut, ***a whole room of quatsch, parents, wife (...), & the rosyfingers in two versions. Pfui.***
Auch während des letzten Besuchs am 19. November gelingt keine Bekehrung zu ***2 Runge mornings*** – trotz massiver Bemühungen eines der Mitarbeiter. Im Gegenteil ... ***they make me feel ill.*** Der Ire, der in der Mitte des 20. Jahrhunderts ein *Endspiel* schreibt, und der romantische deutsche Maler der *Morgenröte* finden nicht zueinander.

Ehrenmal für die Gefallenen des Ersten Weltkriegs von Ernst Barlach an der Schleusenbrücke

Anschließend – wieder strömender Regen – Flucht in eine Konditorei, *Eisbrecher* (Rum-Punsch) und im *Fremdenblatt* ein interessanter Artikel: »Musik der Treppe« mit einem Foto von den Stufen an der Schleusenbrücke (Adolf-Hitler-Platz) **hinunter zum Wasser, *near war memorial.***

Dieses *Ehrenmal* für die Gefallenen des Ersten Weltkriegs von Ernst Barlach wird Beckett weiter beschäftigen. Wie überhaupt sein Interesse an dem, schon vor 1933 von den Nationalsozialisten als »entartet« verfemten Bildhauer und Schriftsteller wächst (siehe 6/11). Am 1. April 1937 erwirbt er in München drei seiner Dramen, *Der Tote Tag, Der Arme Vetter* und *Sündflut*.

Im Winter 1937/1938 beschloss der Senat, das 1931 aufgestellte *Ehrenmal* »aus allgemein kunstpolitischen Gründen« zu entfernen, schrieb dann jedoch, um die Kosten für dessen Beseitigung zu sparen, einen Wettbewerb für seine Umgestaltung im Sinne nationalsozialistischer Ideologie aus. Zur Teilnahme aufgefordert wurde unter anderen der Bildhauer Hans Martin Ruwoldt, den Beckett am 25. November im Atelier von Willem Grimm im Ohlendorffhaus im Stadtteil Hamm kennen lernt. Im November 1939 schloss Ruwoldt die Arbeit an seinem Adler-Relief ab, zehn Jahre später wurde Barlachs Motiv wieder hergestellt. Noch heute steht das große Flachrelief vor der Brücke zwischen dem Rathaus und den Alsterarkaden – Mahnmal nicht nur für die Toten des Ersten Weltkriegs, sondern auch für die »Kunst-Geschichte« Hamburgs während der NS-Zeit.

Zum Supper bei Hoppes findet sich am heutigen Abend ein neuer Gast ein – ***sage u. schreibe Frau Molkig.*** Eine Dame, die Bücher wie Eduard Fuchs' *Illustrierte Sittengeschichte vom Mittelalter bis zur Gegenwart* empfiehlt, ***in God knows how many Bände***, sowohl im Bestand der ***Leihbibliothek, Patriotische Gesellschaft*** als auch der ***Stadtbibliothek, Mönckeberg-Strasse*** zu finden.

In dem zweistöckigen, 1915 von Fritz Schumacher und dem Dresdner Bildhauer Georg Wrba zu Ehren des Bürgermeisters Johann Georg Mönckeberg (1839–1908) erbauten dorischen Tempel an der Ecke Spitalerstraße befindet sich heute die Filiale einer Fast-Food-Kette; wobei in jüngster Zeit darüber nachgedacht wird, ihn wieder anderen Nutzern zu übergeben.

Ein insgesamt offenbar heiterer, für Beckett anregender Abend und zum Schluss: ***All about London.***

Ein Satz, der einige Rätsel aufgibt. Wird abends in der Pension Hoppe unter den Gästen ganz harmlos über London geplaudert, oder hört man hier BBC? An manchen Tagen, so geht es aus dem Tagebuch hervor, übersetzt Beckett für Kurt Hoppe Briefe an einen ***Liddell***, woraus sich die nächste Frage ergibt, nämlich ob der Mann aus Pommern, der während des Ersten Weltkriegs in seiner Heimat eine Möbelfabrik verlor, der nach Hamburg kam, um sich hier zusammen mit seiner Frau eine Existenz aufzubauen und eine Pension eröffnete, tatsächlich mit Basil Henry Liddell Hart korrespondierte – dem britischen Militärstrategen, 1895 in Paris geboren, Verfasser eines *Handbuchs für den Militärdienst,* 1937 inoffizieller Berater des britischen Kriegsministers Hore-Belisha, dessen Abhandlungen in der *Times* in den Jahren 1935 bis 1939 mehr vom deutschen als vom britischen Generalstab geschätzt worden sein sollen. Kurt Hoppe war ein weltoffener Mann. Nach Kriegsende gingen – laut Informationen seiner letzten Lebensgefährtin – englische Militärs in seiner Pension an der Rothenbaumchaussee – direkt neben dem Norddeutschen Rundfunk gelegen – aus und ein. Männer, die vor dem Krieg als Studenten seine Gäste waren.

22–23/10 DONNERSTAG, FREITAG

Zwei Tage zwischen »Gängeviertel«, Kunsthalle und Curio-Haus.

Am Donnerstag wird zunächst bei Woolworth ein Notizbuch erworben – noch bis in die achtziger Jahre öffnete das britische Warenhaus seine Türen an der Ecke Bergstraße/Reesendamm –, später in einem Bierhaus am Jungfernstieg Lunch eingenommen, ***Fischmayonnaise: Pleasant but too dear,*** danach Kaffee im ***Haus Vaterland,*** dem »schönsten Konzertkaffee«, wie es sich selbst bewarb, mit Kabarett, Tanzraum und Teestuben im erkerreichen Eckgebäude Bergstraße/Alsterdamm. Das frühere Belvedere.

Anschließend, wie auch am folgenden Tag, Besuch des »Gängeviertels«, innerster Kern der Neustadt. Enge, schmutzige Gassen mit windschiefen Fachwerkhäusern, trotz der von den Nazis seit April 1933 aus »kriminellen und hygienischen Gründen« durchgeführten Flächensanierung immer noch – dessen Reste bis heute – »musealer« Anziehungspunkt für Fremde.

In der Speckstraße besichtigt Beckett ***Brahms Geburtshaus*** – am Freitag das ***Mendelssohnhaus*** in der Michaelisstraße (beide im Zweiten Weltkrieg zerstört) –, von dort geht es zur Buchhandlung Boysen am Heuberg, wo er Claudia Asher antrifft. Ein Stapel von Büchern über Literaturgeschichte ***prior to Machtübernahme disparaged***, ein Gespräch mit einem jungen Buchhändler, der sich sehr eloquent über Thomas Manns angeblich anstößige Themen

Gängeviertel

Curio-Haus an der Rothenbaumchaussee

auslässt – Anlass genug, Karl Heinemanns *Grundriß der deutschen Literaturgeschichte* zu erwerben, ***Written before the Machtübernahme.***
Via Stadtschänke zum ***Kuriohaus, Rothenbaumchaussee,*** wo Claudia Unterricht gibt.

Das Curio-Haus, Vereinshaus der »Gesellschaft der Freunde des vaterländischen Schul- und Erziehungswesens«, benannt nach deren Gründer J. C. D. Curio (1754–1815), eine prächtige Anlage mit Versammlungsräumen, Festsälen, Wohnungen und einer Bibliothek, in knapp zehn Minuten vom Bahnhof Dammtor zu erreichen. 1911 »dem Geist der Liebe, der Wahrheit und der Freiheit« geweiht, verstand es sich als »geistiger Mittelpunkt der Hamburger Lehrerschaft«, gab Raum für Fortbildungen, Versammlungen, Bälle und Künstlerfeste. Im Garten stand ein Atelierhaus.

Versammlung der Nationalsozialisten im Curio-Haus

Im April 1933 war die Gesellschaft samt ihrem Besitz jedoch in den *Nationalsozialistischen Lehrerbund, Gau Hamburg* übergegangen, 1937 wurde sie völlig aufgelöst, sämtliche Feste eingestellt. Danach betraten ehemalige Mitglieder das Haus angeblich nur noch als Benutzer der Bibliothek.

Im Curio-Haus hatte am 16. Mai 1933 auch die letzte Versammlung der »Hamburgischen Sezession« stattgefunden, auf der – um jüdischen Mitgliedern die Demütigung eines Ausschlusses zu ersparen – der Beschluss zur Auflösung gefasst und einstimmig angenommen wurde. Anschließend hatten die Künstler gemeinsam das Vereinsvermögen vertrunken.

Nachmittags, wieder allein, Entdeckung ***Fischbratbetrieb Hansa*** an der Stadthausbrücke (Fischbratküchen kamen damals gerade in Hamburg auf), ***höchst günstige Preise.*** Am Tag darauf ***more fish that*** [sic] ***possible to eat for 55 pf***, nachdem bei einem ***miniscule cobbler*** in der Caffamacherreihe ein Schuh zum Flicken abgegeben und wieder die Kunsthalle besucht worden war. Abschlussbemerkung zu diesem Besuch: ***a Barlachs*** **Dorfgeiger,** ***also his angels on stairs &*** **Belling** – ***Schmeling!***

Ein schöner Kontrast, Barlachs Engel und Rudolf Bellings Büste von Max Schmeling, wobei mit dem Ausrufungszeichen am Ende des Satzes alles gesagt ist.

Nach dem Supper in der Pension gibt es an beiden Abenden längere Unterhaltungen über Bilder und Musik, vornehmlich mit dem bereits erwähnten Fräulein Schön, der Kunstgewerbe treibenden jungen Dame, die aus Kiel stammt und Zigarren raucht. ***Alas she admires Runge.*** Überhaupt: ***Awful feeling all the time of being hounded on. Fever. Breathlessness. Schön ist das nicht.*** Tags darauf jedoch: ***Pleasant Gesellschaft abends,*** zu der jetzt auch ein ***Oberleutnant*** gehört. Heute traut man sich sogar zu tanzen – bis Frau Hoppe ein Machtwort spricht. (Zitate in den letzten Absätzen vom 22/10 und 23/10.)

24/10 SAMSTAG

Lüneburger Landlehrer. Filme.

Filthy weather again. Zunächst noch einmal in das Curio-Haus, um im Büro der *Hamburger Lehrerzeitung* möglicherweise Informationen über ***Lüneburg Landlehrer*** einzuholen. Aber nichts zu machen – ***their paper is only for Hamburg & its Gebiet***, und das Büro des überregionalen

Blatts, der *Reichszeitung der deutschen Erzieher*, befindet sich weit weg, in Bayreuth.
Auch die Absicht, einen Blick in die Staats- und Universitätsbibliothek am Speersort zu werfen, lässt sich heute nicht verwirklichen, samstags geschlossen. Insgesamt also einmal wieder ein wenig erfreulicher Tag, der im Weiteren mit langweiliger Zeitungslektüre in der Pension verbracht wird, ***the usual song about the »Verhetzungskünste der Moskauer Judenklique!«*** Für den Abend ist ein Kinobesuch mit Claudia Asher geplant, *Der Verräter* im Millerntorkino. ***1.20 RM for parkett mitte. Poor Ufa Film (...), all the stale Chinoiseries of take & cut.***

Beckett und der Film – ein weiteres Kapitel für sich. Auch hier kennt er sich aus. Äußerst wachsamer Rezipient, später selbst Produzent.
Außer *Der Verräter* – 1936 in Deutschland unter der Regie von Karl Ritter produziert, Hauptrolle Willy Birgel – sieht Beckett in Hamburg noch drei weitere Filme:
Am 26. Oktober *Die Botschaft an Garcia* im Waterloo – ***unspeakable*** –, eine amerikanische Produktion von 1936, Regie: George Marshall.
Am 16. November *Meuterei auf der Bounty* – ***Film worse than ever & actually loses through German synchronisation,*** ebenfalls ein amerikanischer Film, 1934 von dem Regisseur Frank Lloyd gedreht, mit Charles Laughton und Clark Gable.
Zuletzt, am 19. November, *Eine Frau ohne Bedeutung* nach Oscar Wilde unter der Regie von Heinz Steinhoff, mit Käthe Dorsch, Marianne Hoppe und Gustaf Gründgens. Von diesem Film war – wie eine Anzeige warb – gerade die »Norddeutsche Erstaufführung« im Hamburger Ufa-Palast angelaufen. ***Beneath criticism.***
1936 erschien im Amsterdamer Emigranten-Verlag Querido Klaus Manns Roman *Mephisto. Roman einer Karriere,* in dem das Thema

»Künstler im Dritten Reich« unverkennbar an Gustaf Gründgens (1899–1963) abgehandelt wird. Gründgens wirkte von 1955 bis 1962 als Intendant und Schauspieler am Deutschen Schauspielhaus in Hamburg. Als Klaus Manns Buch 1965 in Deutschland herauskam, wurde die Auslieferung zunächst gerichtlich verboten, zu Beginn der Spielzeit 2005/2006 die Premiere der Bühnenfassung von Anders Paulin am Schauspielhaus in Hamburg gefeiert.

Nach der Vorstellung ziehen Beckett und Claudia Asher zunächst noch in das Bierhaus Oestmann an der Reeperbahn – ***where an appalling Radau*** –, Claudia legt ihm ihre Übersetzung eines Artikels aus dem *British Journal of Physical Medicine* vor, *The Car & its Driver*. ***Such a good exercise for me.*** Aber ***Radau too great***, man bricht wieder auf, bummelt – vorbei am letzten Notariat ihres Vaters, Großer Burstah ***(Burstah = Bauernstehe: they held the port [fort] against Danish invaders, oder so etwas)*** und mit Unterbrechung im ***Rathausweinkeller*** – langsam Richtung Dammtor. Eine gute Gelegenheit für Claudia, ihm weitere ihrer – angeblichen? – Meinungen vorzutragen. ***Speaks of new Lebensanschauung as for her Erlösung (...) Denken verpönt. Urges me to abdicate Abstand & plunge into the Abgrund.*** Außerdem erneuert sie ihre Empfehlung, mehr Wiechert zu lesen, woraufhin Beckett ihr gesteht, gerade zu erwägen, sich Schopenhauers Werke anzuschaffen.
An diesem Samstag schreibt Beckett außerdem einen Brief an seinen Freund Charles Prentice, Geschäftsführer und Lektor bei Chatto & Windus in London – wo 1931 sein Essay über Marcel Proust erschien –, und hält zwei Sätze daraus im Tagebuch fest: ***I am like a deaf-mute saving up for a tonefilm apparatus. To be really wortkarg one must know every Wort.***

25/10 SONNTAG

Helene Fera. Benno Diederich. Friedhof Ohlsdorf.

A pleasant day, & exhausting. Angenehm und anstrengend – wieder eine dieser typischen Kontraktionen. Gegen elf Uhr macht sich Beckett zu Fuß auf den Weg – vielleicht den Harvestehuder Weg entlang über die Krugkoppelbrücke – in die Bellevue 8, zu den Feras. ***Fera Herr u. Frau. Charming. Sweet wine & good sherry.*** Claudia Asher hatte den Iren in den Hamburger Salon an der Außenalster empfohlen.

Noch zweimal – am 26. Oktober und am 3. Dezember – kehrt er hierher zurück. Helene Fera ist einer der wichtigsten Menschen für Samuel Beckett in Hamburg. Achtmal steht ihr Name im Hamburg-Kapitel seines Tagebuchs, am 15. Februar 1937 in Dresden erinnert er sich ihrer als ***»Die beste ihres Geschlechts, die ich getroffen habe und treffen werde in diesem oder fast jedem anderen Land«.*** Helene Fera (1883–1953), verheiratet mit dem Weinimporteur Cäsar Fera, Vorsitzende der »Akademischen Auslandstelle«, Gründerin des »Frauenausschusses zur Betreuung in Hamburg lebender Ausländer«, galt als die »Schaltstelle« für internationale Kontakte. Ein Artikel im *Hamburger Anzeiger* (anlässlich des Empfangs der ausländischen Gäste im Studentenhaus zum Semesterbeginn im November 1931) lobt sie als »vorbildliche Studentenmutter«. Viele ihrer freundschaftlichen Verbindungen in alle Welt überdauerten den Krieg und hielten – nach Auskunft einer ihrer Enkelinnen – bis zu ihrem Tod. Eine große Dame der Hamburger Gesellschaft, die sich nicht von nationalsozialistischer Unterwanderung akademischer Kreise beeindrucken oder gar einschüchtern ließ, unbeirrt ihren persönlichen Weg zur Völkerverständigung weiterging.

Haus der Familie Fera, Bellevue 8

Helene Fera (hintere Reihe, Mitte) mit Studenten in ihrem Salon 1936

»Der Drang der Inder nach Deutschland sollte meiner Ansicht nach mit allen Mitteln gefördert werden, um so mehr, als die Abnahme der Studierenden aus anderen Ländern geradezu erschreckend ist«, schrieb Helene Fera am 20. Mai 1934 an Professor Schmidt, den damaligen Rektor der Universität, im Zusammenhang mit der Bitte um Erlass von Studiengebühren für Ausländer und stellte fest: »Wenn die Hamburgische Universität drei Stipendiaten aus Indien unterbringen würde, wäre sie in dieser Hinsicht führend in Deutschland.« Wobei sie sich verbürgte, das erforderliche Geld dafür selbst aufzutreiben. Offenbar erwartete sie damals gerade einen berühmten Professor aus Kalkutta als ihren persönlichen Gast. Fotos aus der Zeit zeigen sie – streng und gütig zugleich – in ihrem Salon inmitten ihrer ausländischen Gäste. Unter ihnen viele Asiaten.

In Helene Feras Salon erzählt man sich sogar Witze. Auch über den Führer. Beckett notiert: ***Führer ohne Frau, Bauer ohne Sau, Volk (?) ohne Fleisch, das ist …*** Allerdings mahnt ihn später Margaritha Durrieu (eine weitere Dame der Hamburger Gesellschaft, die Beckett am 29. Oktober zum ersten Mal in ihrer Wohnung an der Bundesstraße besucht), wie ***unpleasant*** es für sie und Frau Fera sei, falls er je irgendwelche ***disparagements of Germany*** veröffentlichte. (2/12)

Womit alles gesagt war – und von Beckett auch beherzigt wurde. Anstatt später Deutsche, die gegen Hitler eingestellt waren, im Ausland »vorzuführen«, schloss er sich ihnen »von weitem« an. Während der Besatzung von Paris gehört Samuel Beckett zur Résistance.

Bis heute wird in der Familie Fera ein Gästebuch verwahrt, geführt von 1927 bis 1956. Ein Handschriften- und Schriftenbilderbuch. Bei genauer Durchsicht fand sich unter dem Datum *»3/12/36«* links

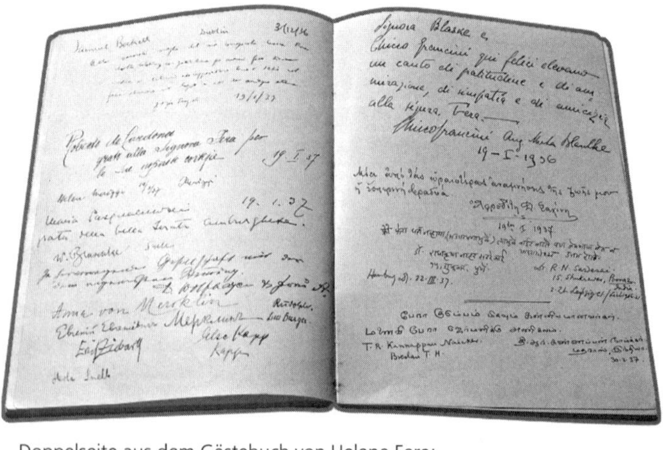

Doppelseite aus dem Gästebuch von Helene Fera;
links oben Becketts Eintrag

oben in der Ecke der Eintrag *»Samuel Beckett, Dublin«*. Es war der Tag seines letzten Besuches in dem Haus an der Bellevue. Leider ist keine der drei Postkarten erhalten, die Beckett – nachweislich durch spätere Tagebucheintragungen – an Helene Fera schrieb (aus Hildesheim, Berlin und München). Wahrscheinlich fielen sie, wie vieles aus dem Besitz der Familie, in die Hände der Engländer, die das Haus im Mai 1945 beschlagnahmten. Zwei Stunden Zeit hatten die Feras, persönlichen Besitz zu räumen. Immerhin, das Gästebuch retteten sie.

Heute, beim ersten Besuch im Fera'schen Salon, sind außer dem Ehepaar zugegen: ***a californian bitch. Then two sons with daughters-in-law, & the child of one.*** Außerdem Dr. Benno Diederich. (Hier bereits am 7. Oktober als Lehrer Hans Erich Nossacks und Biograf von Émile Zola und Alphonse Daudet erwähnt.) Später kommen noch zwei Dänen dazu. ***Entire atmosphere anti.***

Eine der Schwiegertöchter, ***resident in Bremen,*** war Charlotte Fera (1905–1998), viele Jahre später Mitglied der Hamburger Bürgerschaft und Abgeordnete der CDU.
Dr. Benno Diederich hatte Deutsch, Griechisch, Latein und Französisch an der Gelehrtenschule des Johanneums unterrichtet und war – als Jude – seit April 1933 vorzeitig pensioniert. Im Archiv des Johanneums fand sich ein Krippenspiel von ihm, das 1927 offenbar einmalig von Schülern zur Aufführung kam. Seine einzige Tochter, Ursula, soll die Frau des Autors und Regisseurs Oscar Fritz Schuh gewesen sein. Persönliche Aufzeichnungen von Diederich konnten nicht gefunden werden.

Gegen Mittag verlassen Beckett und Diederich Feras Salon und wechseln – vielleicht an der Alster entlang – in dessen Wohnung Papenhuder Straße 32. ***He pours out his Lebens-***

bahn. Außerdem erfährt der Gast alles über »Literarische Gesellschaften« in Hamburg, viel über Thomas Mann – **Buddenbrooks *entirely Schlüsselroman. Mann himself the child that dies*** – und inspiziert die Bibliothek des Gelehrten. Ein ganzes Bücherbord mit dessen eigenen Werken. Beim Abschied ergeht die freundliche Aufforderung, sich wieder zu melden, ***mostly*** [*?*] ***any day between 5 & 6.***
Beckett verlässt die Wohnung – jedoch, es ist noch nicht genug für heute: ***On by tram 6 to Ohlsdorf.***
Wieder einer dieser für ihn typischen Tage, an denen ein Eindruck den nächsten – gegensätzlichen – herausfordert. Zunächst Hamburger Gesellschaft, Sherry und süßer Wein, »tolerante« Gespräche, dann eine Unterhaltung über Literatur »unter Gelehrten« und gegen Abend ein Spaziergang über die Gräber.

Der Friedhof Ohlsdorf, 1936 zum Teil noch zu Preußen gehörig, wurde 1877 seiner Bestimmung übergeben. Die bisherigen Begräbnisplätze in Hamburg – auch der Friedhof am Dammtor-Bahnhof – waren zu klein geworden, außerdem genügten sie den gewachsenen hygienischen Ansprüchen nicht mehr. Der erste Friedhofsdirektor war Wilhelm Cordes; Otto Linne, auch Gartenbaudirektor, folgte ihm 1919 im Amt. Später wurden Wege und Abschnitte des Friedhofs nach beiden Direktoren benannt.
Heute umfasst das Gelände etwa 400 Hektar und zählt 320 000 Gräber. Eine Welt für sich, in der der Tod gepflegt und gelistet ist. Auf der Internetseite des Friedhofs sind außer der Anzahl Kapellen und Gräber auch die der Bänke und Abfallkörbe genannt.
Friedhöfe sind – überall – Anziehungspunkte für Samuel Beckett. Einige seiner Notizen, die er sich wohl noch auf dem Ohlsdorfer Friedhof in sein Tagebuch schreibt (25/10 und 9/11), nimmt er später – fast wortwörtlich – in seine Erzählung *Premier Amour/Erste Liebe* auf:

»… Ich persönlich habe nichts gegen Friedhöfe, ich gehe da recht gern spazieren, lieber da als anderswo, glaube ich, wenn ich schon ausgehen muß. (…) Ich zog Ohlsdorf bei weitem vor, besonders der Teil von Linne auf preußischem Boden, mit seinen 400 Hektar dicht übereinandergeschichteter Leichen (…) Autobusse kommen und fahren ab; sie sind zum Bersten voll mit Witwern, Witwen und Waisen. Wäldchen, Grotten, Teiche mit Schwänen spenden den Betrübten Trost. Es war Mitte Dezember, ich habe nie so arg gefroren, die Aalsuppe war mir nicht bekommen, ich hatte Angst vor dem Tod …«
Fish in pond being fed. Swans (…) behind a yew hedge, facing a pièce d'eau, with the air of a regular weekend mourner, a Leidtragender Trostsuchend- und findender, heißt es im Tagebuch – und Beckett nimmt sich vor wiederzukommen ***fresh, and early.***
Der Friedhof als Ort der Inspiration? ***The noise of my steps in the leaves reminds me of something, but can't find what.***

Beckett wähnt, ein Gedicht zu »finden« – jedoch, er fühlt sich leer ... Mit der Hochbahn zurück zum Stephansplatz. Es fängt an zu regnen, ein Abstecher ins ***Patzenhofer*** an der Dammtorstraße, ehe er sich zur üblichen Hoppe-Runde trollt.

Das Patzenhofer war ein beliebtes Lokal, dessen großer Saal unterschiedlichsten Versammlungen Raum bot. Im November 1932 lud der Redakteur Erich Lüth den Maler Karl Ballmer zur ersten Versammlung der »Gesellschaft der Freunde des Kollektivs Hamburger Schauspieler« ins Patzenhofer ein, 1945 tagte hier das Central Jewish Commitee zum ersten Mal, 1951 fand im selben Saal die Pressekonferenz zur »Debatte Veit Harlan« statt.
Beckett besucht das Patzenhofer im Weiteren noch fünfmal.

Letzte Eintragung heute: Fahrkarten für alle an Deutschland angrenzende Länder müssen hier (in Deutschland) gekauft werden – mit ausländischem Geld.

26/10 MONTAG

»Woche des Deutschen Buches«. Zillertal.

Der siebte Besuch der Kunsthalle gilt der ***Buchausstellung*** im Kuppelsaal. ***Very dull. Durchblättert*** (unter anderem): Ernst Wiechert, Theodor Storm, Hans Fallada, Gerhard Schumann, auch sämtliche Titel schreibt sich Beckett auf, so von Hans Grimm *Volk ohne Raum*, von Hans Heyse *Idee und Existenz*, und nimmt am Ausgang – einmal wieder – enttäuscht zur Kenntnis, auf Englisch angesprochen zu werden. ***Alas is it so clear.***

Am Vortag war die »Woche des Deutschen Buches 1936« eröffnet worden. Angekündigt im *Hamburger Fremdenblatt* bereits am 19. Oktober, unter der Überschrift »Für jeden das richtige Buch« und mit Betonung darauf, dass die zu diesem Anlass von Reichsminister Dr. Goebbels gehaltene Rede auf allen Sendern übertragen, erstmals sogar von Seiten der Wehrmacht dafür geworben werde. »Sinn und Zweck dieser gewaltigen Werbung sind in dem Wunsche begründet, alle Schichten und Kreise des Deutschen Volkes dem Buche und vor allem dem deutschen Buche näher zu bringen (...) Wie auf anderen Gebieten findet sich auch hier der Grundsatz der Auslese.« Über die »Reichsarbeitsgemeinschaft für deutsche Buchwerbung« kamen *Auswahlverzeichnisse deutschen Schrifttums* in Umlauf (Auflage: 10 Millionen). Rubriken: »Jugend und Buch«, »Soldat und Buch«, »Bauer und Buch«. Selbst unter »Frau und Buch« stand Adolf Hitlers *Mein Kampf* an erster Stelle, gefolgt von Titeln über deutsches Volkstum, deutsche Kunst und »artbewußte Lebensführung für Mutter und Kind«. Künstlerisch gestaltete Lesezeichen mit Prämienscheinen lockten das Publikum.

Bereits am 22. Oktober werden drei für das ***German Buch Festival*** angekündigte Lesungen notiert: ***Mon. 26th Wilhelm Schäfer, H. G. Kapelle, Königstraße, Tues. 27th, Gerhard Schumann, 8.15, Patriotisches Gebäude, Thurs., 29th, Max Grund, Gymnasium, Moorweidenstraße*** – eine von Claudia Asher für 25 Pfennig offerierte Stehkarte für eine Aufführung der Oper *Der Barbier von Sevilla* mit der Begründung abgelehnt: ***I prefer Schäfer in Altona, for there I can sit.***
Als Beckett jedoch an diesem Montagabend nach dem Besuch der Buchausstellung und einem weiteren Besuch bei den Feras – zu denen er diesmal mit dem Alsterdampfer fährt und sich bei ***Coffee, Pingpong, Cusenier*** mit Gästen aus fünf Ländern die Zeit vertreibt – zur Hl.-Geist-Kapelle

an der Königstraße in Altona kommt, findet er an der Tür einen Zettel angeschlagen: ***Muss am 26. Oktober meinen Sohn begraben u. bitte absagen zu dürfen. Schäfer.***

Drei Tage später leiht Fräulein Schön, die Kunstgewerbe treibende junge Dame aus der Pension Hoppe, Beckett die *Anekdoten* dieses Autors, dem fünf Jahre später, 1941, der Frankfurter Goethepreis verliehen wird.

Also keine Lesung. Stattdessen: ***Walk back to »Zillertal bleibt Zillertal«.*** Das berühmt-berüchtigte Vergnügungslokal auf der Reeperbahn, mit Leuchtreklame an der Frontfassade und Gaudi auf bayerische Art (wenngleich das Zillertal in Tirol liegt). Ein »Muss« für alle Hamburg-Touristen. Aber es ist noch zu früh, keine Seele weit und breit im blau-weiß gestrichenen Gewölbe. Trost bei ***bad Wurstsalat, a 1/2 l. Mathäserbräu*** und Wandsprüchen. Auf den ersten, eingangs zitierten, folgt:

Zillertal auf der Reeperbahn

Jung gewohn/ Alt getan/ Mit Trinken/ Fängt das Leben an. Und so fort. Gegen acht setzt eine ***Diabolical Bayerische Blasemusik*** ein, nach und nach füllt sich der Saal mit Gästen, aber: ***Waitress concerned that I cannot stay.*** Irgendwann ist für den Iren Schluss bei zu viel deutscher »Gleichgeschaltetheit«.

»… vielleicht Angst vorm Hinauswurf da wirklich keine Befugnis an diesem Ort um gar nicht von dem ekligen Äußern zu sprechen daher dieses Umherblicken dies eine Mal auf deine elenden Mitmenschen Gott dankend dies eine Mal so schlecht oder wer weiß was du warst nicht wie sie …«, heißt es in *That Time/Damals.*

Zu allem Übel wird Beckett an der Straßenbahnhaltestelle auch noch als Norweger, Däne oder Schwede taxiert – so viele Missverständnisse, wenn ein Hamburger ***Issländer*** anstatt ***Irländer*** versteht und sich wohl insgesamt nicht besonders gut auskennt – und die *Botschaft an Garcia* anschließend im Waterloo-Kino: ***unspeakable.*** Erst beim Bier in der Stadtschänke hellt die Stimmung etwas auf, die ***Frankfurter*** – ein Geschenk von den Feras am Morgen – wird studiert und nach der Lektüre beschlossen: ***Shall take it in future.***

27–28/10 DIENSTAG, MITTWOCH

Geld. Und wieder Bücher.

Endlich: die lange erwartete Geldanweisung, fast fünfhundert Reichsmark. Jedoch darf zunächst nur etwa die Hälfte abgehoben werden, der Rest ein paar Tage später. Aber immerhin! Umgehend wird bei Boysen die deutsche Grammatik zu *5,50* gekauft – wenngleich die Ausgabe durchaus schmerzt. Und Karten für Gerhard Schumanns Lesung im Patriotischen Gebäude? ***Ausverkauft.*** Auch in der ***Kulturgemeinde, Mönckebergstr. 31*** ist nichts mehr zu haben. ***So siehst du aus,*** kontert Beckett auf den Rat, es an der Abendkasse zu versuchen.

Zur »NS-Kulturgemeinde« – neben der »Reichskulturkammer« eine der wichtigsten überregionalen Organisationen, die die Kulturpolitik im »Dritten Reich« reglementierten – hatten sich im Juni 1934 der »Kampfbund für deutsche Kultur e.V.« und der »Reichsverband Deutsche Bühne« zusammengeschlossen. Sowohl die »Woche des Deutschen Buches 1936« als auch die Lesereihe »Volkhafte Dichtung der Zeit« im November dieses Jahres im Patriotischen Gebäude wurde von ihr organisiert. (Siehe 6/11 und 10/11.)
Gerhard Schumann (1911–1995), Dichter, Dramaturg und Gründer des Hohenstauffen-Verlags, 1936 mit dem Nationalen Buchpreis ausgezeichnet, bleibt Samuel Beckett also erspart. Hymnisch kommen die Hamburger Zeitungen am folgenden Tag auf seine Lesung zurück. Seine Titel – *Wir aber sind das Korn, Feier der Arbeit* und *Heldische Feier* – sprechen für sich. Beckett nimmt sie in der Buchausstellung im Kuppelsaal der Kunsthalle zur Hand – mehr nicht.

Zwei Tage zwischen Büchern – zweimal Buchhandlung Kurt Saucke, zwischendurch eine Stunde in der ***Staatsbibliothek, Speersort, Lesesaal*** –, mit einem Empfang in der »Nordischen Gesellschaft«, zwei ausgelassenen Abendrunden bei Hoppes und katastrophalen Wettermeldungen. Erschöpfung bis zur Depression. ***Can't talk in the evening im Kreis,*** lautet die letzte Eintragung am Mittwoch, an dem Frau Hoppe zum wiederholten Mal ihren Witz über die Pommern ***Einen Niederpommer haben!!!!!!*** und den Unterschied zwischen ***überspannt*** und ***übergespannt*** vom Stapel

lässt. Allerdings ist inzwischen ein Herr Power aus Peru in der Pension eingezogen, ein sympathischer Mensch, mit dem Beckett wenige Tage später ins Kino geht. ***Silent man.***
In die »Nordische Gesellschaft« in der Bergstraße führt Kurt Hoppe Beckett ein. Endlose Reden, und die dort anwesenden Schweden, Dänen, Finnen, Norweger und Isländer sprechen alle deutsch – ***Du heiliger Gott.*** Rasch ist klar: ***Nothing to be done there.***

In dieser zunächst in Lübeck ansässigen, 1933 unter Alfred Rosenbergs Schirmherrschaft zur »Reichsorganisation« avancierten Gesellschaft galt Adolf Hitlers Machtübernahme als »ersehnte nationale Erweckung«. Man forcierte die Vereinnahmung Skandinaviens in ein »Großgermanisches Reich«.

Der Lesesaal der Staatsbibliothek: ***Uncomfortable & hostile, like all public reading rooms.*** Am 5. November kehrt Beckett noch einmal hierher zurück, vornehmlich, um mehr über den Friedhof Ohlsdorf in Erfahrung zu bringen und besser für seinen zweiten Besuch dort gerüstet zu sein. Auch, um eventuell einen Artikel darüber zu schreiben. ***Tone: cold elegiac. Code Napoléon.*** (5/11)
»… rein von der Straße weg aus Kälte und Regen in dem alten grünen lochfesten Mantel den dein Vater dir vererbt hatte Orte wo es keinen Eintritt kostete wie die Öffentliche Bücherei noch so einer großartig die Gratis-Bildung weit weg von zuhause oder das Postamt noch so einer ein anderer Ort ein andermal …«, heißt es in *That Time/Damals.*

Die Hamburger Staatsbibliothek, 1840 gemeinsam mit der »Gelehrtenschule des Johanneums« auf dem historischen Domplatz am Speersort erbaut, ging bei den Luftangriffen im Juli 1943 in

Eingang zur Staatsbibliothek am Speersort (Altes Johanneum)

Flammen auf, wobei ihr Bestand von damals 850 000 Bänden fast vollständig vernichtet wurde. Nach dem Krieg bezog sie das Wilhelm-Gymnasium an der Moorweidenstraße unweit der Universität, in das alte Haus, das jetzt in den 1982 fertig gestellten Neubau Von-Melle-Park integriert ist.

Leitartikel des *Hamburger Fremdenblatts* am 28. Oktober: »Feuerschiff Elbe 1 im Orkan gekentert ... Wrack unauffindbar ... Bange Sorge um die fünfzehn Mann starke Besatzung«, ***first time a Feuerschiff has so verunglückt.***

29/10 DONNERSTAG

Margaritha Durrieu.

Erster Besuch in der Bundesstraße 20. Bereits einige Tage zuvor wird die Dame des Hauses erwähnt: ***The female painting expert*** (25/10) oder ***The Kunstdame*** (27/10).

Margaritha Durrieu, schillernde Figur der Hamburger Gesellschaft, 1883 in Esslingen geboren, in ihrer Jugend befreundet mit einer Schwester des Malers und Bühnenbildners Willi Baumeister (1889–1955), selbst künstlerisch ambitioniert. Ihr Mann, der Rohstoffimporteur Theodor Durrieu (1875–1967), heiratete sie in zweiter Ehe und begann an ihrer Seite ein – für einen »ehrbaren Hamburger Im- und Export-Kaufmann« – wohl eher ungewöhnliches Leben. Anfang der dreißiger Jahre verkaufte er seine am Jungfernstieg 40 alteingesessene Firma, gründete eine neue, unternahm Reisen nach Monte Carlo – vielleicht, um an Margarithas Seite verlorenes Geld wieder einzuspielen? 1935 kam Werner Knothe als Teilhaber in die Firma, dessen Sohn führte das Unternehmen – bis 2003 an der Trostbrücke – weiter, wenngleich er die Rohstoffe aufgab und zuletzt mit Silberwaren handelte.
Margaritha umgab sich mit Künstlern, vornehmlich denen der »Hamburgischen Sezession«, unterstützte etliche bereits während der Weltwirtschaftskrise und verstärkt, als ihnen – nach Auflösung der »Sezession« im Mai 1933 – ihre Kunst auszuüben zunehmend erschwert und auszustellen mehr und mehr untersagt war. Margaritha Durrieus so genannter »Montagssalon« war legendär. Hier saßen einen Nachmittag lang Prominente aus Gesellschaft und Kultur ihren Malerfreunden für eine ***Kopfzeichnung*** – wie am 23/11 im Tagebuch steht – Modell. Im Anschluss gab es Diskussionen, manchmal ein Essen – und guten Wein.

Margaritha und Theodor Durrieu (Mitte) mit Freunden auf ihrem Balkon in der Bundesstraße 20

Die Inventarliste der Durrieu'schen Kunstsammlung – für damalige Verhältnisse durchaus nicht unbedeutend – weist auch zwei Aquarelle von ihr selbst, Margaritha Hoffmann aus Esslingen, auf.
Da die beiden Söhne Theodor Durrieus aus dessen erster Ehe – geboren 1902 und 1904 – zu ihrer Mutter hielten und Margaritha für die Hamburger Familie und Gesellschaft die »unbeliebte zweite Frau« war (die selbst keine Kinder hatte), hielt niemand ihr Andenken in Ehren oder kümmerte sich nach ihrem Tod 1955 (und dem Theodors zwölf Jahre später) um ihren persönlichen Nachlass. So sind auch die vier Postkarten, die Samuel Beckett ihr nach seiner Abreise aus Hamburg schrieb (wie die Karten an Helene Fera in weiteren Kapiteln des Tagebuchs erwähnt), nicht erhalten. Wobei davon auszugehen ist, dass sie, wie sämtlicher Privatbesitz der Durrieus, den Krieg »überstanden«. Die Wohnung in der Bundesstraße 20 blieb von Bomben und Feuer verschont.
Eines der insgesamt achtundsiebzig so genannten »Judenhäuser« im Grindelviertel war das Haus Bundesstraße Nr. 6. Hier wurden

jüdische Bürger während des Krieges zwangseingewiesen und später von dort aus deportiert.
Theodor Durrieu verfasste einen Familienstammbaum, in dem sämtliche männlichen Nachkommen seit 1750 mit Daten, alle weiblichen jeweils pauschal mit »er hatte einige Töchter« aufgeführt sind, und bestimmte die Hamburger Kunsthalle als Erbe für seine Sammlung, nicht seine Söhne. Womit alles über die Durrieu'schen Familienverhältnisse gesagt war. Margarithas Lebensdaten wurden auf ihrem Grabstein in Ohlsdorf gefunden.

Eine an Kunst reich ausgestattete Wohnung, die Beckett heute zum ersten Mal betritt. Biedermeier-Möbel, Originale von Baumeister, Radziwill, Haizmann, Ahlers-Hestermann und Nolde an den Wänden. ***Three English bitches there (...) Escape with Frau Durrieu among pictures.*** Beckett landet einen Coup, indem er beim Durchsehen einer Mappe mit Reproduktionen Willi Baumeisters ***»Mensch als Maschine«*** (?) seine Strenge und Ruhe mit der von Michelangelos *David* vergleicht. Aber sonst: ***All, pictures & drawings, flat, abstract & geometrical, in reaction to Expressionistic Kunterbunt. Hit badly by the movement.***
Das Vorhaben, im Anschluss die Lesung von Max Grund zu besuchen (hier erwähnt am 26/10), wird nicht ausgeführt, obwohl es von der Pension zum Gymnasium an der Moorweidenstraße nur ein »Katzensprung« war. Rückzug aufs Pensionszimmer. Hier wartet ein Bücherstapel, geliehen von Fräulein Schön. Querschnitt damals gängiger deutscher Literatur – auch Fräulein Schön offenbar eine belesene junge Dame.

In die Durrieu'sche Wohnung kehrt Beckett noch dreimal zurück, zwölfmal insgesamt wird Margaritha Durrieu im Tagebuch erwähnt, zuweilen nur noch mit ihrem Vornamen. Anders als

Helene Fera, die immer ***Frau Fera*** bleibt und deren Mann Beckett mag – ***charming.*** Für den Gatten der dreiundzwanzig Jahre älteren Margaritha, die im November 1936 mit ihm durch Hamburger Galerien und Museen zieht, ihn bei den Malern einführt und in deren »Montagssalon« auch er, am 23. November, für ein paar Stunden Modell sitzt, führt er – kurz und knapp – den Begriff ***smirking snarl*** ein (22/11), grinsender, zähnefletschender Hund.

Sammlung Durrieu; rechts *Darstellung des Apoll*, daneben *Figur mit Streifen auf Rosa* von Willi Baumeister

30–31/10 FREITAG, SAMSTAG

Lousy days.

Am Freitag der Versuch, noch die Nolde-Ausstellung in der Galerie Commeter zu sehen, ***of course finished yesterday.***

Die Commeter'sche Kunsthandlung, die älteste, 1821 gegründete Galerie Hamburgs, befand sich im Commeter-Haus Ecke Bergstraße/Hermannstraße an der Binnenalster und wurde während der NS-Zeit von Wilhelm Suhr und Albert Oberheide geführt. Trotz Verbots setzte man sich hier noch in den dreißiger Jahren sowohl für die großen Künstler der Avantgarde als auch für moderne Malerei aus Hamburg ein. Im Juli 1936 wurde hier sogar noch einmal eine Karl-Kluth-Ausstellung gezeigt, obwohl eines der Bilder dieses Malers als eigentliche Veranlassung für die Schließung der letzten »Sezessions-Ausstellung« im Frühjahr 1933 galt. Beckett besucht Kluth gegen Ende seines Aufenthalts in Hamburg in dessen Atelier am Mittelweg (25/11).

Stattdessen also erneut Kunsthalle – bereits zum achten Mal. Vormittags sind die ***Hamburg painters of present day*** an der Reihe, nachmittags – nach einer ***Königin Pastete*** im Patzenhofer – Trübner, Renoir, Cézanne. Und Nolde. Wenn schon nicht in der Galerie, dann eben hier. Zuletzt wird der *Katalog der neueren Meister* gekauft – ***([?] 1927, describing many pictures that are now presumably in cellar ...)*** – auf dem Heimweg ein Pfund Äpfel, ***Cox's Orange***, tags darauf – ***Another lousy day*** – ein Taschenmesser – ***Bought a pen knife in grosse Burstah for 1 Rm, & a wooden Spitz Jungfernstieg for 25 pf.*** – und ***a Winterhilfswerk Zeichen for***

10 pf. Zur Entrüstung des Verkäufers. Beckett steckt es sich in Nabelhöhe an den Regenmantel.

Bereits am 23. Oktober sind der Einkauf von einer Flasche Tinte und zwei Schreibheften erwähnt. Ein Heft für die Auflistung weiterer Buchtitel, das andere für Bilder – ein Vorhaben, das er nicht realisierte.

An der Formulierung ***Another lousy day*** lässt sich die Stimmung beider Tage ablesen – die Hamburger Maler gefallen im Großen und Ganzen nicht. Schlecht gelaunt werden ***Amongst rubbish*** einige Bilder von Ahlers-Hestermann, Hartmann und Bollmann notiert. Drei Maler, denen Beckett später noch persönlich begegnet. ***Siebelist: Quatsch.*** (30/10)
Abends, im Weinhaus Dölle – nach ***two 1/2 bottles Johannisberger Kapuziener 1924*** – Rilke-Lektüre, gegen lautstarke Unterhaltungen über das Börsengeschehen am Nebentisch an. ***Trotz allem I read Rilke's* Weise von Liebe und Tod *(...) Some réssusites: »Man hat zwei Augen zu viel. (...) And some appalling blunders: »ein Sich-Wiegen in den Sommerwinden, die in den Kleidern warmer Frauen sind«!!!*** Die Gedanken kreisen um das von Beckett so genannte ***Journal of a Melancholic***, spät in der Nacht werden noch ein paar – deutsche – Sätze für eine Geschichte über den Bandwurm notiert: ***»Du siehst so komisch aus.« »Nicht halb so komisch, wie es mich innen quält.«*** Zuletzt: ***Crawl back (...), phrases rattling like mashinegun fire in my skull ...***

1/11 SONNTAG

Bilder und Bücher. Die Heide und Whisky.

Wieder Kunsthalle – heute zusammen mit Claudia. Es werden zwar auch Bilder betrachtet (deutsche Expressionisten, Franzosen – Corot, Lautrec – und etliche Niederländer), im Wesentlichen gilt dieser Besuch jedoch erneut den Büchern im Kuppelsaal. Claudia empfiehlt Konrad Bestes *Das heidnische Dorf* ***(for Lüneburg heath interest)*** und Pferdmenges *Deutschlands Leben.* ***I stoop to her halitosis at every word.***

Deutsches Gemüt, »Sah ein Knab ein Röslein stehn ...«, die Lüneburger Heide. Für manchen *das* Klischee für heile Welt, Idylle, Jugendbewegung, Lagerfeuer und Klampfe. Dennoch: Auf viele Maler und Dichter übt diese von Schafen durchzogene, fast baumlose norddeutsche Landschaft eine eigenartige Faszination aus. Bis heute. Beckett verlässt Hamburg am 4. Dezember: ***Train at 8.47. In Lüneburg a little before 10.*** Lüneburg, obwohl seine eigentlichen Ziele zunächst Hannover, im Weiteren Braunschweig, Wolfenbüttel und dann Berlin sind.
Ob Samuel Beckett im Dezember 1936 tatsächlich – bei Windböen und Schneeregen – eine zu dieser Jahreszeit eher graue Heide betrat? In seiner Erzählung *Der Ausgestoßene* (hier bereits erwähnt am 18/10) heißt es:

»Als ich noch jünger war, glaubte ich, es sei gut, inmitten einer Ebene zu leben, ich ging in die Lüneburger Heide. Mit einer Ebene im Sinn ging ich in die Heide. Es gab andere Heiden, gar nicht so weit weg, aber eine Stimme sagte mit, Die Lüneburger Heide ist das, was Sie brauchen (...) Ich kam enttäuscht und erleichtert wieder zurück.«

»Haus Vaterland« im Eckhaus des vormaligen Hotel Belvedere, Ecke Jungfernstieg/ Alsterdamm

Und Hans Erich Nossack schreibt: »Wir lieben die Heide, wir gehören irgendwie dorthin, vielleicht sind wir vor Zeiten dort geboren. Andere fühlen sich dort krank und werden schwermütig. Sie können nicht ohne Zeit leben; denn die Heide ist ohne Zeit.« (Aus *Der Untergang*)

Vielleicht, um sich Claudia Ashers von üblem Mundgeruch begleiteten Gerede besser zu erwehren, bricht Beckett im Anschluss an die Kunsthalle zu einer Kneipentour mit ihr auf. Zumal bei dem ***schleussiches Wetter*** (15/10) das Herumlaufen im Freien eher abträglich ist. Zum Auftakt ***Beer in Bavarian Lokal beyond the station***, anschließend zum Lunch in einem Hotel ***(Ochsenschwanzsuppe & tough Hirschblatt)***, dann einmal hoch hinauf auf den Turm von

St. Michaelis und wieder hinunter und weiter – ***Back by Paradies to SS*** – in die Stadtschänke, ***where she coffee and I Eisbrecher.*** Erst gegen Abend trennt man sich; wobei es für Beckett noch lange nicht genug – mit dem Trinken – ist: ***a Kümmel (Doppel) & Elbschloß alone in Bhf. Restaurant.***

Insgesamt zweiundvierzig Hotels, Pensionen, Kneipen, Bars und Restaurants sind im Tagebuch genannt. Whisky gehörte (wenn auch nicht auf der Deutschlandreise – vielleicht war der Whisky hier zu schlecht?) zu Becketts »Grundnahrungsmitteln«.
In ihrem Buch *Wie es war* berichtet Anne Atik, die Frau von Becketts Maler-Freund Avigdor Arikha in Paris, von einem Gespräch der beiden aus Becketts letzten Lebenstagen, in dem Beckett auf die Frage ihres Mannes, in welche Himmelsrichtung Whisky eigentlich den Kopf verdrehe, geantwortet habe: *»Richtung Irland«*; womit vieles über den Grund seines mehr und mehr exzessiven Trinkens gesagt ist.

2/11 MONTAG

Günter Albrecht. Max Sauerlandt.

Lively day, against time throughout. This feeling of beeing hounded on is interesting. Zwischen Lethargie und dem Drang nach Bewegung. Ein Zustand, der in dem Roman *Murphy* thematisiert ist.
Heute zum Lunch ***Blut- und Leberwurst in SS***, Einkauf von ***a Sportshemd (5.95) bei Krause, Jungfernstieg, & then Manchetteknöpfe bei another Krause or same Krause, corner Bergstraße***, anschließend dritter Besuch in der Buchhandlung Saucke, wo tatsächlich das von Claudia Asher emp-

fohlene Buch, Pferdmenges' *Deutschlands Leben*, bestellt wird. Und: ***At the sound of my name immediately immense cordiality, from Herr Saucke & his son(?). Frau Fera had only just left, & had mentioned me.***

Wiederum eine äußerst knappe und präzise Beschreibung eines, in diesem Fall typisch hamburgischen Phänomens: In dieser Stadt gilt man (erst) von dem Augenblick an etwas, in dem man von jemandem aus der Gesellschaft »empfohlen« wird. Sechs Tage vorher bestellt Beckett hier bereits Bücher von Kurt Götz und Rilkes *Cornet*, aber erst jetzt nimmt man sich seiner an. Im weiteren Gespräch wird außerdem klar, dass der ***son***, wie Beckett zunächst meint, keineswegs ein Sohn Kurt Sauckes ist (dessen beide Söhne, Hellmut und Wolfgang, waren 1936 noch kleine Kinder), sondern Günter Albrecht. Damals zwanzig Jahre alt, gerade »wegen seiner außergewöhnlichen Auffassungsgabe, seines Fleißes, sich buchhändlerische Fachkenntnisse in jeder Hinsicht anzueignen und seiner guten, ständig zunehmenden Literaturkenntnisse«, ein halbes Jahr vor Ende seiner offiziellen Lehrzeit von seinem Lehrherrn zum Gehilfen befördert. (Zitat aus Günter Albrechts Lehrzeugnis vom 31. März 1937.)
Zwei Tage später nennt Beckett zum ersten Mal seinen Namen – ***one Albrecht*** –, und nach etlichen weiteren Begegnungen besucht er ihn am 29. November – am 1. Advent 1936 – in der elterlichen Wohnung in Hamburg-Horn. Fünfzehnmal insgesamt wird Albrecht im Hamburg-Kapitel der *German Diaries* genannt.
Während der Suche nach den bis dahin »Unbekannten« in Samuel Becketts Hamburger Tagebuch im Winter 2002/2003 ergab sich auf sonderbare Weise ein Kontakt zu dem jüngsten Bruder Günter Albrechts (heute wohnhaft in der Nähe von Bremen) – im Tagebuch erwähnt als ***youngest Klaus*** (29/11). Erst geraume Zeit vorher war dieser in dem schmalen, von Bruder zu Bruder weitergegebenen

Postkarte: Giorgione, *Bildnis eines jungen Mannes*

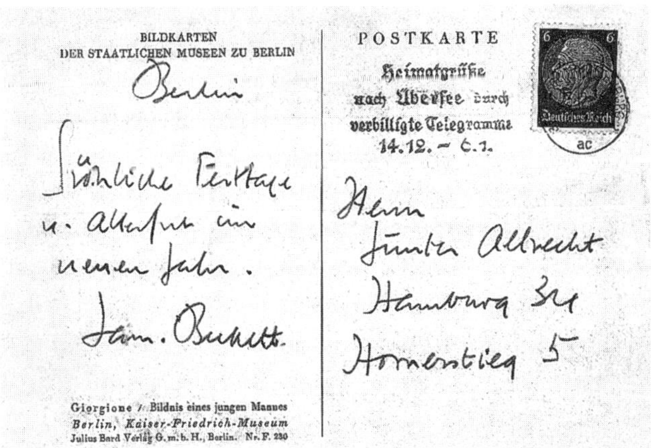

BILDKARTEN
DER STAATLICHEN MUSEEN ZU BERLIN

Berlin

Fröhliche Festtage
u. alles Gute im
neuen Jahr.

Sam. Beckett.

Giorgione / Bildnis eines jungen Mannes
Berlin, Kaiser-Friedrich-Museum
Julius Bard Verlag G.m.b.H., Berlin. Nr. F. 230

POSTKARTE

Heimatgrüße
nach Übersee durch
verbilligte Telegramme
14.12. – 6.1.

Herrn
Günter Albrecht
Hamburg 34
Hornerstieg 5

Postkarte von Samuel Beckett an Günter Albrecht vom 23/12/1936

Nachlass Günters auf zwei maschinengeschriebene Briefe (einer auf Englisch) und zwei handgeschriebene Postkarten gestoßen – unterschrieben mit *Sam* oder *Samuel Beckett*. Briefe, die der irische Dichter 1936/1937 an seinen Bruder Günter Albrecht schrieb. Aus Berlin, München und Paris. Ein sensationeller Fund!

(Aus Berlin am 23. und 31. Dezember 1936, aus München am 30. März 1937, aus Paris – Grüße zum Jahreswechsel – am 22. Dezember 1937.)

Die Postkarte aus Berlin zeigt Giorgiones *Bildnis eines jungen Mannes* aus dem Kaiser-Friedrich-Museum, in dem Beckett viele Stunden verbringt und das zu besuchen ihm von den Hamburger Malern empfohlen wurde. Ein *Selbstbildnis* dieses Malers, das Beckett im Herzog-Anton-Ulrich-Museum in Braunschweig sieht, gehört – wie auch Caspar David Friedrichs *Zwei Männer in der Betrachtung des Mondes* – zu den Bildern, die Beckett so stark inspirieren, »dass sie in seinen späteren Bildschöpfungen für die Bühne bzw. den Eigeninszenierungen seiner Stücke wieder auftauchten« (James Knowlson). An Albrecht schreibt Beckett: *»… In Deutschland gibt es schon einen Ueberfluss von dem, was ich werde verlassen müssen, ja habe verlassen müssen, ohne es kennenlernen zu können. Z. B., den Giorgione in Braunschweig, obgleich ich ihn jeden Tag für eine Woche besucht habe.«* (23/12)

Aus Paris kommt ein *Erasmus*-Porträt von Hans Holbein d. J. Auch ein Bild, das – über das eigentliche Porträt hinaus – viel über die Beziehung zweier Menschen zueinander aussagt und darüber hinaus auch als Metapher für geistigen Widerstand gegen Obrigkeit verstanden werden kann. Holbein kam 1515 siebzehnjährig nach Basel zu Erasmus von Rotterdam, um Randzeichnungen für dessen Buch *Lob der Narrheit* zu fertigen, und blieb elf Jahre in der Stadt, die durch den großen Humanisten zum geistigen Zentrum Europas wurde – unabhängig von Fürstenwillkür.

Zwei Postkarten und zwei Briefe als Spiegel eines kulturellen Austausches im nationalsozialistisch geprägten Deutschland und als

Spiegel einer freundschaftlichen Begegnung zweier junger Männer unterschiedlichster Herkunft, deren Lebenswege sich im Herbst 1936 in Hamburg kreuzten, die sich im Januar 1937 noch einmal in Berlin wiedersahen – und dann nie mehr. Günter Albrecht fiel am 7. Juli 1941 in Russland.

»Als Sohn des Kaufmanns Richard Albrecht wurde ich am 18. März 1916 als erstes von sieben Geschwistern in Hamburg geboren, mein Vater stand damals im Felde …«, lauten die ersten Zeilen eines Lebenslaufes, den der junge Buchhändler zwei Jahre vor seinem Tod aufsetzte. Ein kurzes Leben zwischen zwei Weltkriegen, voller Entbehrungen, denen eine große Familie mit einem kränklichen Vater in den Zeiten ausgesetzt war. Ein Leben zwischen erzwungener Anpassung – »Von 1933 gehörte ich der Hitler-Jugend als Führer einer Einheit an« – und eigenen Idealen. Günter Albrecht gehörte zur »Bündischen Jugend«, die 1933 aufgelöst und in die »Hitlerjugend« überführt wurde. Er schwärmte gleichermaßen für Paul Alverdes (den Beckett im März 1937 in München kennen lernt) wie für Thomas Mann, Hermann Hesse, Romain Rolland, Ernst Barlach und Rainer Maria Rilke, legte sich ein Ringbuch »Meine Bibliothek« an, besuchte im Herbst 1936 die »Reichsschule des deutschen Buchhandels« in Leipzig, besorgte sich Schriftmusterbücher der Offizin Haag-Drugulin, korrespondierte mit Gotthard de Beauclair (1907–1992), Buchgestalter, Lyriker und Verleger, und belegte im Wintersemester 1936 an der Hansischen Hochschule Kurse für Schriftsetzerei und Druck. (Vor 1933 und auch nach 1945 Landeskunstschule, ab 1952 Hochschule für bildende Künste am Lerchenfeld.) 1935 gewann Günter Albrecht einen innerhalb der »Woche des Deutschen Buches« durchgeführten Schaufensterwettbewerb. Beckett bewertet Albrechts künstlerische Fähigkeiten anhand dessen, was er am 29. November in der Horner Wohnung von ihm sieht, als: ***Talented youth.*** Und nach einer langen Unterhaltung mit ihm hält er fest: ***Amiable, intelligent & young. (…) Not at all a Hitler Jüngling.*** (6/11)

Ausflug »Reichsschule des deutschen Buchhandels« Leipzig, 1936
Günter Albrecht Mitte, Axel Kaun vorne links

Günter Albrecht schrieb am 3. Januar 1937 seinem Freund Axel Kaun nach Berlin: »Er (Mr. Beckett) ist ein Mensch, der überhaupt nur noch die Atmosphäre der Städte, Bilder und Plastiken, allenfalls noch einige historische und literarische Kuriositäten genießt, betrachtet und bespöttelt. Dadurch kommt es, dass er sehr viel von dem, was anderen wichtig und lieb erscheint hat absterben lassen und sich überall und nirgends zu Haus findet. Darüber hinaus aber ist er sehr scharfsichtig, objektiv und überhaupt recht klug und intelligent.« Nicht nur ein Samuel Beckett beobachtete sein Gegenüber genau.

Günter Albrecht klärt den Iren auf: Bücher von und über Barlach, Nolde, Kolbe waren noch zu haben, von Thomas Mann alles, ***but nothing of Heinrich & nothing of the Zweigs.*** (28/10) Auch Werner Mahlholz' *Deutsche Literatur der Gegenwart* ist bereits verboten, ebenso Max Sauerlandts *Die Kunst der letzten 30 Jahre*, 1935 posthum von Harald Busch, dem damaligen Direktor der Hamburger Kunsthalle, herausgegeben.

Max Sauerlandt

Auf das Buch des 1880 in Berlin geborenen und bereits 1934 in Hamburg verstorbenen Kunsthistorikers, Freund und Förderers später verfemter Maler – und ehemaligen Direktors des Museums für Kunst und Gewerbe – ist Beckett aus. Der bekannte englische Kunsthistoriker Sir Herbert Read hatte ihm – wie im Tagebuch erwähnt – sein *Art Now* gewidmet (erschienen 1933), die *Times* gleich nach seinem Tod am 1. Januar 1934 einen Nachruf auf ihn gedruckt. Grund genug für Samuel Beckett, ihn im Original lesen zu wollen, obgleich Sauerlandt, als Verfechter eines »Deutschen Expressionismus« (im Gegensatz zum französischen Impressionismus) den Nationalsozialisten zunächst nicht abgeneigt, unter englischen Kollegen durchaus als umstritten galt. Allerdings, und auch das war in England bekannt, hatten ihn die Nationalsozialisten 1933 aus dem Amt entlassen. »1 Uhr: Urlaub«, steht von Sauerlandts Hand neben dem Datum 6. April in seinem 1933er Taschenkalender.

Schon während seiner Amtszeit zunehmend machtlos, hatte Max Sauerlandt seinen Malerfreunden – wie Emil Nolde, Karl Ballmer, Richard Haizmann und Willi Nass – geraten, ihre Bilder aus dem Museum für Kunst und Gewerbe zu holen und wieder an sich zu nehmen. So konnten etliche Bilder vor dem Zugriff der Nazis bewahrt und gerettet werden. In seinem Buch heißt es: »Man kann die Gemälde von den Nägeln nehmen – solange man aber an die frei gewordenen Haken nicht die Künstler selbst aufhängen kann, die die Bilder gemalt haben, wird ihre Wirkung nicht aufhören.«
Kontakte zwischen London und Hamburg hatten und haben Tradition – nicht nur was Im- und Export anbelangt. Über Mitglieder des Anglo-German-Clubs setzte Herbert Read Anfang der dreißiger Jahre den Austausch englischer und deutscher Kunst der damaligen Gegenwart in Gang. 1932 wurde die erste Ausstellung englischer Malerei in Hamburg gezeigt, die geplante Gegenausstellung nach dem Machtwechsel 1933 allerdings abgesagt.
Es ist wahrscheinlich, dass Samuel Beckett Sir Herbert Read persönlich kannte, 1933 bis 1935 hielt er sich selbst in London auf. Jedenfalls begutachtete Read später die Fahnen von *Murphy*, Becketts an die vierzig Mal abgelehnten Romans (etliche der Ablehnungen erreichten den Autor, wie erwähnt, in Hamburg), als dieser im Frühjahr 1938 endlich bei Routledge in London zur Veröffentlichung kam. »... die rare und richtige Kombination aus dekoraler Gelehrsamkeit und dichterischer Freiheit« (Read an den Verleger T. M. Ragg, 1. Januar 1938).
Sauerlandts verbotenes Buch erwirbt Beckett illegal am 21. November bei dessen Witwe Alice.

Heute Nachmittag wieder Deutschunterricht bei Claudia Asher in der Schäferkampsallee. Austausch über die eigene deutsche Übersetzung des Gedichtes *Cascando*.

Sehr persönliche Zeilen – nach James Knowlson im Sommer 1936 im Bann der Ausstrahlung von Betty Stockton, einer Freundin Mary Mannings, entstanden –, die auch in noch weiteren Gesprächen während der Deutschlandreise »abgeschmeckt« werden. So auch mit der Kunsthistorikerin Rosa Schapire. (15/11) Kurz vor seiner Abreise aus Deutschland fertigt Beckett in München eine Schreibmaschinenabschrift an mit Kennzeichnung der von verschiedenen Personen angeregten Korrekturen. (30/3/37)

(…)
Die alten Worte:
Lehrst du mich nicht, lern' ich nie.
Die schalen Worte:
Es gibt ein letztes
Auch von letzten …?
Eine letzte letzter Bitten,
Eine letzte letzter Lieben.
Es kommen doch zu Ende,
Wissen, Zweifel, Vorwand,
Und zum Schweigen die alten Worte:
»Liebst du mich nicht, wird' ich nie geliebt.
Lieb' ich dich nicht, lieb' ich nie.

Täuschung *statt* Vorwand, nicht geliebt werden *statt* ungeliebt werden, allerletzte Bitte *u.* allerletzte Liebe *statt* letzte letzter Bitten *u.* letzte letzter Liebe.
Beim Abschied leiht ihm Claudia Wiecherts *Die Magd des Jürgen Doskocil*, und abends notiert Beckett: ***Have more books now than I can read.***
Einerseits bringen die vielen Eindrücke, Gespräche und Menschen immer schnellere »Drehungen« ein – ***Excited & energetic all day, and still*** –, andererseits: ***Es ahnt mich nichts Gutes.*** Diesen Tag beschließt die Eintragung: ***Begin to spend more than I can afford. Leise! Leise!***

3/11 DIENSTAG

Lübeck. Und wieder Martion.

Heute ein Ausflug nach Lübeck, Dom und Marienkirche werden besichtigt. Abends, nach dem Supper in der Pension, lässt Beckett noch geduldig Martions ausführliche Schilderung einer Blinddarmoperation über sich ergehen. Offenbar litt der Arme immer noch unter deren Folgen und taxiert seine ihm verbleibende Lebenszeit – er war damals vierundzwanzig Jahre alt – auf maximal weitere zehn Jahre.

Eines der Telefongespräche beendete Franz Peter Martion nach nur wenigen Sätzen mit der Entschuldigung, gerade auf dem Weg zum Fasching zu sein. Über neunzig Jahre alt, hatte er seine Beckett gegenüber geäußerte Prognose inzwischen um mehr als fünfzig Jahre – rüstig – überlebt.

4/11 MITTWOCH

Elbtunnel.

Pleasant day. Zunächst das restliche Geld von der Bank, dann langsam zu den Landungsbrücken. Hinunter in den Alten Elbtunnel. ***Impressive & nightmarish, especially the Fahrschächten, pits of steel with 6 lifts each & German expressionist film screw stairs. Whole things somehow kinematic.*** Schichtende, den Ausgang des Tunnels am südlichen Ufer versperrt eine Horde Hafenarbeiter, »gegen den Strom« gelangt Beckett ins Freie.

Hafenarbeiter vor dem Alten Elbtunnel

Der Alte Elbtunnel zwischen den St.-Pauli-Landungsbrücken und dem damaligen Steinwärder, 1911 nach vierjähriger Bauzeit für den Verkehr freigegeben, galt – als erste Elbunterführung – mit seiner Länge von 426 und einem Durchmesser von 6 Metern als technische Sensation. Von einem prächtigen quadratischen Kuppelbau aus befördern vier große Fahrkörbe Menschen wie Fahrzeuge 24 Meter tief unter den Strom. Seit dem Bau des Neuen Elbtunnels 1975, mit vier Röhren zwischen Hamburg-Othmarschen und Waltershof (durch den die Autobahn A 7 verläuft), fungiert der Alte Elbtunnel mehr als touristische Attraktion, für Fußgänger immer, für Fahrzeuge tagsüber geöffnet. An Wochenenden wird er für Veranstaltungen mit speziellem Ambiente genutzt.

Der Spaziergang durchs damalige Steinwärder-Waltershof (heute Steinwerder), dem von Kanälen und kleinen Häfen durchzogenen Stadtgebiet südlich der Elbe, ist durch Erwähnung der ***Elbstr.*** (eigentlich Norderelbstraße) und dem ***Reiherstieg*** (dem Kanal, der zwischen den Flussarmen Norder- und Süderelbe verläuft) nachvollziehbar. Vom Anleger dort geht es per Schiff zurück zum Baumwall, vorbei am Grasbrookhafen, Dalman-, Kaiser-, Sandtorkai und der Kehrwiederspitze, dem weitläufigen Areal der heute boomenden Hafencity. ***Walk through customs (i.e. out of Freihaven, with pocket pad of money, cigars, cigarettes! Whereas only allowed 10 RM coin!?)***

Hamburgs Freihafen, ein »Zollausland« von 16 Quadratkilometern beiderseits der Norderelbe. Ausgewiesen und so benannt, nachdem Hamburg 1881 seinen Status als zollfreies Staatsgebiet verlor.

Dann wieder Saucke. Vom Baumwall in die Bergstraße schon der dritte längere Fußweg heute. Dort werden die vorbestellten Bücher in Empfang genommen: Barlach, Pferdmenges. Die Schopenhauer-Gesamtausgabe wird, zur Sicherheit in zwei Partien, voraus in die ***Clare Str.*** geschickt.

Clare Street 6, Dublin, lautete die Geschäftsadresse des Vaters, William Frank Beckett (hier bereits erwähnt am 5/10). Nach dessen Tod 1933 hatte sich der Sohn im Dachgeschoss einquartiert, wegen Spannungen mit seiner Mutter May das Elternhaus im wenige Kilometer südlich gelegenen Foxrock mehr und mehr gemieden.

Wie Beckett von Albrecht hört, sind gerade verboten worden: *Das innere Reich, Zeitschrift für Dichtung, Kunst und Leben*, angeblich ***best literary Zeitschrift***, und *Der Querschnitt* (beide herausgegeben von Alverdes & Mechow, München). Nach Durchsicht einiger Bildbände, Zille, Käthe Kollwitz – ***Rather sentimental proletariarism*** –, verabredet man sich für den übernächsten Tag, dann macht sich Beckett auf den Heimweg. Beim Zwischenstopp im Münchner Hofbräuhaus gegenüber dem Dammtor-Bahnhof – ***Pleasant. Drink 1/2 l. & look at books.*** – Erwägung, *Maillol* in seinem Roman *Murphy* in *»Barlach«* umzubenennen, Pferdmenges' *Deutschlands Leben* – ***NS Kimmwasser.*** Abschließendes Urteil über dieses Buch am nächsten Tag: ***Appalling propaganda.*** (6/11)

5–6/11 DONNERSTAG, FREITAG

Staatsbibliothek. Tintenkuli. Blankenese.

Heute ist zunächst ein Zeitungsartikel über Goethe erwähnt, erschienen im Feuilleton der *Frankfurter Zeitung* anlässlich des Fundes eines Porträts des Dichters in Jena und eines Festaktes zur 150-jährigen Wiederkehr des Beginns seiner »italienischen Reise« in Rom (*Goethe: Eine Feier und ein Bild* von Nikolas Benckiser und Ernst Beutler, 4. November 1936). Dann zum zweiten Mal die Staatsbibliothek (hier bereits am 28/10 erwähnt), ein ***Schwedenteller*** in ***SS*** und der Erwerb eines ***Tintenkuli! Name irresistible. Price 6.60. Apparently excellent instrument.*** Am 6. November ist von einem ***Parker*** die Rede.

Auf den ***Tintenkuli*** kommt Beckett – wenn auch im übertragenen Sinne – am 30. November noch einmal zurück: Das Richtfest bei dem Maler Karl Ballmer in Glinde ist gefeiert, nach reichlichem Genuss von Kümmel und Bier verlassen die Arbeiter die Baustelle, ***till only the painters,***

the architect, the sculptor & the Tintenkuli left. Ob Beckett damit sich selbst, den Schreiberling unter den bildenden Künstlern, meint – was ungewöhnlich wäre (weil er sich kaum selbst benennt) – oder damit, wie die Beckett-Forscher glauben, den Bürgermeister karikiert, eine »buchhalterische Amtsperson«, mag offen bleiben.

Am Freitag – ***Vorortsbahn from Dammtorbhf.*** – ein Ausflug nach Blankenese. Damals noch ein Fischerdorf, heute Nobel-Stadtteil mit Villen, Parks und Strandleben. ... ***down Bhfstr. past Baurspark to shore (...) Then back to Landungsbrücke & up Hans Lange Strasse to Bismarckstein Park. Bonfire.*** Die genaue Wegbeschreibung vom Blankeneser Bahnhof hinunter zum Anleger »Op'n Bulln« und weiter durch das so genannte Treppenviertel hinauf zum Leuchtturm.

Jeweils samstags versammelten sich in der Kneipe »Op'n Bulln« damals die Künstler der »Bulln-Runde« – in bewusster Nachfolge der 1923 aufgelösten berühmt-berüchtigten »Tafelrunde« des Hamburger Journalisten Hans. W. Fischer. Unter ihnen auch der Schriftsteller Hans Leip.

Climb Aussichtsturm – ein herrlicher Blick – ***All very dim & van Goyen.*** Die gespeicherten Bilder finden sich wieder in der Wirklichkeit. ***From Bismarckstein to Süllberg. One other guest in big bow window. Crab soup, Scholle & Nachtisch. 2 RM.***

Lunch nimmt Beckett also in dem beliebten, mit seinem beflaggten Holzturm weithin sichtbaren Süllberg-Restaurant ein, 74 Meter hoch über der Elbe gelegen. 1837 als Milchausschank konzessioniert, empfängt heute einer der besten Köche Deutschlands hier die Gäste.

Blick auf das Süllberg-Restaurant vom Elbstrand in Blankenese

Der andere Gast geht, ein Liebespaar kommt, ganz in Schwarz mit Feldstecher. Auch von hier aus ein phantastischer Blick – ***Look out across wide grey water to Altes Land.*** Die Buxtehuder Kirchtürme verschwimmen im Nebel.

Hier in Blankenese – wie bei Spaziergängen über den Ohlsdorfer Friedhof – schreibt Beckett kurze Passagen Prosa zwischen seine Tagebuchnotizen. ***Shadows of the far bank in water. Sunless radiance. The absurd beauty of being alone.***

Rückweg bis zum Elbkurhaus am Strand entlang, dann die steile Treppe zum Hirschpark hinauf, weiter Elbchaussee in Richtung Osten, zunächst bis Nienstedten. ***Jakob Restaurant, right over water, with lovely terrace, gnarled black trees. Coffee in window over water.***

Ein weiteres – heute als Hotel Louis C. Jacob weltweit bekanntes – Restaurant, das Beckett an diesem Tag betritt. Auch bekannt durch Max Liebermanns Bild *Terrasse des Restaurant Jacob in Nienstedten an der Elbe,* gemalt 1902/1903 (heute in der Hamburger Kunsthalle). Den Preis einer Tasse Kaffee damals notiert Beckett nicht, das Liebermann-Zimmer ist heute für etwa 400 Euro pro Nacht zu haben.

Weiter stadteinwärts. Vorbei am ***Jenischpark – Very English*** –, die Flottbeker Chaussee entlang (heute auch Elbchaussee) bis zur Himmelsleiter (Treppe hinunter zum Strand), durch Oevelgönne bis Neumühlen. ***Perplexed by colossal building ...*** Das Kühlhaus – damals ein erschreckender Klotz in der Landschaft, heute luxuriöse Seniorenresidenz. Wieder hinauf. Beim Altonaer Rathaus ist der lange Fußmarsch zu Ende (Hirschpark bis Altona etwa 10 Kilometer), ***whence tram to Adolf Hitler Platz.***

Gegen sieben Uhr erreicht Beckett die Buchhandlung Saucke, Günter Albrecht empfängt ihn bereits auf den Stufen. Herr Saucke überreicht ein Programm der Lesereihe »Volkhafte Dichtung der Zeit« (hier bereits erwähnt am 27/10) im Patriotischen Gebäude, empfiehlt Hermann Stehr am 10., Josefa Behrens-Totenohl am 17. und Josef Weinheber am 27. November.

An der Lesung von Hermann Stehr (1864–1940) aus dem Roman *Der Schatten* nimmt Beckett dann tatsächlich teil. ***The great man in person (...) Earnest Kitsch, delivered in a senile whisper. No Beifall. Hasten away.*** (10/11)

Das *Hamburger Fremdenblatt* schwärmt am Tag darauf unter der Überschrift »Dichterabend der NS-Kulturgemeinde« von einer »unvergeßlichen Begegnung mit dem Altmeister der deutschen Erzählkunst«. Die Buchhandlung Saucke zeichnet als Mitveranstalter.

Der weitere Freitagabend vergeht in Gesellschaft von Günter Albrecht. Im Weinhaus Dölle – ***Pastete, italienische Salat & Johannisberg*** – zunächst ein langes Gespräch über Literatur, das vorläufig bei Proust und dem Versprechen, Albrecht ein Exemplar seines Essays zu schicken, endet und dann – derweil haben die beiden jungen Herren mit entsprechenden Drinks über das ***Haus Vaterland*** in die Dammtor-Bahnhof-Kneipe gewechselt – in einem lebhaften Disput über Barlachs *Flamme* seine Fortsetzung findet. ***For me »Verkündigung ohne Engel«.***

Möglicherweise hat Beckett eine Abbildung von Ernst Barlachs kleiner Holzplastik *Flamme* (entstanden 1934, Höhe 115 cm) in einer Ausgabe seiner Autobiografie *Ein selbsterzähltes Leben* gesehen. 1928 – ohne Abbildungen – bei Cassirer erschienen, wurden späteren Auflagen (bei Piper) Abbildungen beigegeben. Unter anderen auch die *Flamme.* Heute steht sie im Ernst-Barlach-Haus in Hamburg.

7/11 SAMSTAG

Stadtpark. Geburtstag bei Hoppes. Eintopf.

Stadtpark. Mit der ***Hochbahn*** vom Adolf-Hitler-Platz zum Borgweg (alle Namen der insgesamt zwölf Stationen werden notiert).
Pleasant pale fine day. Manchmal ist es in Hamburg auch schön. ***Stadthalle, Gardens, See, Grosse Spielwiese (…) Wasserturm & Planetarium*** (1930 als »Volksbildungseinrichtung« im Wasserturm eröffnet), ***Parkseering & Bolivarstr. (Heine Denkmal).***

Heine-Denkmal von Hugo Lederer im Stadtpark

Die Erwähnung des Heine-Denkmals überrascht, weil – den meisten Darstellungen zufolge – das 1926 enthüllte Heinrich-Heine-Denkmal von Hugo Lederer bereits nach der Senatssitzung vom 2. August 1933 auf Antrag eines der Senatoren von diesem Platz entfernt wurde. Heine habe, so das Protokoll, in seinen Schriften das deutsche Volk in gröblicher Weise beschimpft, daher müsse der Anblick des Denkmals bei jedem national gesinnten Deutschen Anstoß erregen und gehöre nicht auf einen öffentlichen Platz. Wann genau die Demontage stattfand, ist – aufgrund Becketts Notiz – also unklar. Fest steht lediglich, dass das Denkmal im Juni 1943 aus dem Magazin der Hamburger Kunsthalle genommen und für Rüstungszwecke eingeschmolzen wurde.

Die im Weiteren notierten Straßen sind heute Wege innerhalb des Parkgeländes. Auch den ***Sprunggarten***, durch den Beckett, plötzlich von heftigem Durst geplagt, in Richtung ***Parkkaffee*** läuft – und in dessen Gräben der kleine Roman Bertini in Ralph Giordanos *Die Bertinis* im Winter 1939 vier Nächte verbringt –, gibt es nicht mehr.

Beim Eintritt in das ***Parkkaffee*** dröhnt aus der Musikbox *Fidelio*. ***A large Löwenbräu at one gulp***, ein herrlicher Blick über Pappeln und See, eine weitere Runde ***Leonore*** und ein zweites Glas Bier. ***Feel most happily melancholy.***
Rückfahrt ***Train to Hallerstr. Cigar & a cork spitz*** Ecke Binderstraße/Rothenbaumchaussee.

Den Zigarrenladen, den Beckett fast täglich aufsucht, gibt es noch.

Abends wird bei Hoppes – feuchtfröhlich – Manfreds zwanzigster Geburtstag gefeiert (hier bereits am 7/10 erwähnt), und in der Nacht notiert sich Beckett noch ein paar Sätze, aufgeschnappt im Stadtpark: ***Die Vergangenheit ist ein Gewissensbiss, die Gegenwart eine Last, die Zukunft ein Greuel.*** Und als Letztes – ein weiterer Eintopfsonntag stand bevor – ***How shall I eat Eintopf to-morrow, to-day.***

8–9/11 SONNTAG, MONTAG

Friedhof Ohlsdorf.

Es kommt, wie es kommen musste: ***Foul day. Down late, feeling foutu. (...) Crawl down to Stephansplatz (...) Eintopf in Theaterkeller.*** Dieser Eintopfsonntag geht schief. ***Dead supper.***

Das Hausmädchen Emmy bittet um ein Gedicht für ihren mit dem Motorrad auf der Autobahn verunglückten Freund, eine Unterhaltung mit Luther und Frau Funck (siehe bereits 12/10) will nicht recht gelingen – obwohl es, wieder einmal, um die Lüneburger Heide geht. Genauer gesagt, um ***Die Görde.*** Schlussfolgerung: ***Go there some autumn. Oder nicht.***

Montag erneut zum Ohlsdorfer Friedhof, heute ein systematischer Rundgang anhand eines ***Führer (90 pf.)***, der gleich nach Ankunft im Verwaltungsgebäude erworben wird. Und wohl auch eingedenk dessen, was inzwischen in der Staatsbibliothek über diesen Friedhof in Erfahrung gebracht wurde.

Von den Ehrengräbern zum ***Marble Christ, freilich the appropriate material***, vorbei an der Brunnenanlage, rund um den Südteich zum Rosengarten, Wilhelm-Cordes-Denkmal, Denkmal der Hanseatischen Kampfgenossen von 1813/1814, Kalzinierofen, Ostteich. Alles, was dieser Friedhof »zu bieten« hat, wird im Tagebuch aufgeführt, selbstverständlich auch Carl Hagenbecks Grab, ***lion lying at foot of rough hewn stone.***

»… obgleich ich dort niemand kannte, außer dem Tierbändiger Hagenbeck, nur vom Hörensagen. Auf seinem Grabmal sieht man, glaube ich, einen aus Stein gehauenen Löwen. Der Tod mußte wohl das Gesicht eines Löwen haben, für Hagenbeck«, heißt es in der Erzählung *Erste Liebe.*

Becketts besonderes Interesse aber gilt dem »Geologischen Hügel«, im Führer zwar beschrieben, offenbar jedoch nicht so leicht zu finden. ***Ask a group of 4 groundsmen & women. They never heard of it.*** Erst nach einigen Umwegen um den Nordteich entdeckt er ihn.

»Geologischer Hügel« auf dem Friedhof Ohlsdorf

»Geologischer Hügel« meint ein Areal, in dem (ab 1897) Findlinge aufgeschichtet wurden, um gebirgstypische Pflanzen anzusiedeln. Allerdings wurde dieser Hügel nach und nach wieder abgetragen und anlässlich der IGA (Internationale Gartenbauausstellung) 1963 gänzlich eingeebnet.
Der Kalzinierofen diente der Einäscherung der ab 1873 durch Auflösung des Friedhofs am Dammtor umzubettenden Gebeine. Erst 1934 galt diese Umbettung als abgeschlossen.

Colder & colder & rain beginning. Ein Novembertag auf dem Friedhof Ohlsdorf. Zuletzt ist Beckett so verfroren und nass, dass er sowohl die ursprüngliche Absicht ***lunching in Ohlsdorf*** verwirft als auch die Besichtigung des Krematoriums. Mit ihr hatte der Rundgang eigentlich beginnen sollen. Aber: ***Ausgeschlossen, because of Einweihungsfeier (9th Nov. fallen Nazis, 1923(?)).***

An dem Tag, an dem Samuel Beckett den Friedhof Ohlsdorf zum zweiten Mal besucht, wird im Krematorium die Feier zur Einweihung des Ehrenmals »für die 1923 während der Nationalsozialistischen Erhebung ermordeten Kämpfer der NSDAP, Gau Hamburg« begangen. »Die Lebendigen huldigen den Toten«, »Blutzeugnis des 9. November«, lauten die Überschriften im *Hamburger Fremdenblatt*.
Aber abgesehen davon hätte Beckett im ***Rathaus, Abteilung für Auswärtige Angelegenheiten*** eine Genehmigung zur Besichtigung des Krematoriums einholen müssen. »Einfach so« hätte man ihn nicht in die Hallen gelassen.

Zurück, ***Akademiker Teller in SS***, anschließend Durchsicht etlicher Bildbände bei Saucke – Kunstdenkmäler, Baumeister, Pieter Brueghel. Später wird bei einem Schuster Nähe Hallerstraße noch der am Morgen zur Reparatur gegebene ***Second Randall shoe*** abgeholt. ***Are all cobblers in german[y] physical Freaks?***, lautet die Frage. Wieder ein Pfund Äpfel, ***1/2 l. Bittbräu***, der Tag geht zu Ende: ***What a day. Paralysed sensibility, feebly flogging piggish sensibility ...***

10/11 DIENSTAG

Halbmast. Durrieu. Himmelsleiter.

Crawl out into the misery about 12.30. Vorbei am Haus des Reeders Albert Ballin, Ecke Binderstraße/Feldbrunnenstraße (hinter dem Museum für Völkerkunde) – von dessen Leben und Suizid 1918 zwei Tage zuvor in der Abendunterhaltung mit Frau Funck die Rede war –, die Alte Rabenstraße entlang, am ***Kunstverein*** vorbei ***(Beckmann on view)*** zur Alster.

Hier irrt Beckett. Der Hamburger Kunstverein befand sich seit 1927 in der Neuen Rabenstraße 25, in einer von dem berühmten Architekten Karl Schneider umgestalteten Villa. In der Alten Rabenstraße 6 betrieb der Kunsthistoriker Dr. Hildebrand Gurlitt sein Kunstkabinett. Seine Beckmann-Ausstellung besucht Beckett drei Tage später – am letzten Ausstellungstag: ***Beckman*** [sic] ***strong & interesting, with excellent colour sense. Some admirable seascapes & a hilly wooded road.*** (13/11)

Heute ist die Stadt auf halbmast geflaggt: ***»Isis« (Hapag) sunk S. E. of Ireland, all hands lost but one boy.***

Im *Hamburger Fremdenblatt* findet sich die Todesanzeige für die neununddreißig Ertrunkenen, »die ihr Leben ließen für ihren Beruf, für unsere Reederei und für die Schiffahrt unter der Flagge des Dritten Reiches«, aufgegeben vom Aufsichtsrat der Hamburg-Amerika-Linie. Die Leitartikel aller Hamburger Zeitungen widmen sich dem »einzigen Überlebenden«, dem Schiffsjungen Fritz Röthke.
Weitere Meldungen? Literaturnobelpreis 1936 an den Amerikaner Eugene O'Neill verliehen.

Was sonst? Ein weiterer Besuch bei Margaritha Durrieu. Heute bekommt der Gast Radierungen von Radziwill gezeigt, entdeckt beim Durchsehen von ***a Mappe of Kitsch*** eine für ihn akzeptable Hestermann-Zeichnung und einen Nolde-Holzschnitt, *Frauenkopf.* Allerdings trudelt eine ***crew of Saxons*** ein und eine Nürnbergerin spielt Klavier: Debussy, Brahms und Liszt. ***Bloody awful.*** Flucht!
Abends die Lesung von Hermann Stehr im Haus der Patriotischen Gesellschaft – 1765 »zum Wohle der Künste und nützlichen Gewerbe« gegründet, an der Straße Bei dem Alten Rathaus gelegen, heute Trostbrücke (hier bereits erwähnt am 27/10 und 6/11). Vorher ***Pastete & Pschorr*** im hauseigenen

Restaurant ***Zur Alten Börse*** und im Anschluss – zum bitter nötigen Trost – ein Abstecher in die ***Himmelsleiter***, Alter Fischmarkt; eines der ältesten Bierlokale Hamburgs mit seit 1880 geführtem Gästebuch. ***Künstlerzimmer, Ahnenzimmer etc. Famous guests: Bismarck, Liliencron, Gorch Fock etc.*** Ein Greis spielt Zither. ***Pleasant but nothing doing.*** Also ein Blick in die Zeitung, ***... find lovely advertisement in Fremdenblatt: »Junggeselle, Naturfreund, 1.75 m., 22 Jahre, Nichttänzer, wünscht solid., liebevolles, evangel. arisches Mädel zwecks Heirat.«***

Zwischen ***A. H. Platz*** und den Colonnaden noch ein paar Kreise ***with dim desire for female company (...) See a few old legs*** [***hags***]. ***Give it up.*** Es regnet in Strömen.

»... der Regen und die alten Runden versuchend es auf diese Weise zu erfinden während du einhergingest wie es gehen könnte auf diese Weise zur Abwechslung nie gewesen zu sein wie nie gewesen zu sein gehen könnte die alten Runden versuchend dich in das hineinzukriegen taumelnd und murmelnd durch das ganze Viertel bis die Worte trockneten und der Kopf trocknete und die Beine trockneten wessen auch immer sie waren ...«, heißt es in *That Time/Damals.*

11–12/11 MITTWOCH, DONNERSTAG

Museum für Kunst und Gewerbe. Universität. Lucien Brulez. Irma Tiedtke.

Ein Brief von Frau Fera, wieder einmal hat sie einiges arrangiert: ***Frau Sauerlandt*** lässt für die kommende Woche bitten, ***Professor v. Mercklin*** im Museum für Kunst und Gewerbe bereits morgen.

Frau Fera truly non pareille.

Museum für Kunst und Gewerbe

Am Mittwoch zunächst zum zehnten Mal Kunsthalle, zusammen mit Margaritha Durrieu. Großes Programm, Caspar David Friedrich, Meister Bertram – und wieder Gegenwart. ***Hamburger painting. Hestermann, Povorina (…) Hartmann, & God knows whom sonst.***
Anschließend – wieder allein – Lunch in der Fischbratküche und ***coffee in SS. (…) Day fine & very cold.*** Abends: ***Dull party at supper.*** Mit Powers ***unintellegible pew of Germans round-runes.*** Auch Fräulein Schön und ein Mathematiker aus Bayern sind zugegen.
Donnerstag: ***Hasten to Museum für K. u. G.*** Gerade noch rechtzeitig zum Beginn des Vortrags ***»Geometrische Periode« (8. bis Anfang 6. Jahrhundert)*** von Dr. Eugen von Mercklin, dem damaligen Kustos der Antiken-Sammlung, trifft Beckett ein und notiert, worum es an diesem Morgen geht: ***Love vase, with horse & foal decoration*** oder ***Lovely plastic, simplified horses & birdfaced goddesses.*** Befund:

Hauptgebäude der Universität

In this museum best collection of Schwertzieratkunst in existence.

Mittags einmal wieder Fischmayonnaise in ***SS. Schrecklich*** und anschließend das verabredete Treffen mit Günter Albrecht in der Buchhandlung. Kurt Saucke widerspricht Becketts Meinung über Hermann Stehr und dessen Lesung am Vorabend auf das Heftigste.

Nachmittags der erste Besuch in der Hamburger Universität, gemeinsam mit Margaritha Durrieu, eigentlich, um eine Vorlesung ***by Burgmeister*** (gemeint ist Dr. Burmeister) ***on Italien Renaissance*** zu hören, die jedoch ausfällt. Stattdessen besuchen beide ein Seminar des Romanisten und Philosophen Lucien Brulez. ***Neveu de Rameau. Problème du comédien (…) Nice story about chez Voltaire (…). Buttonhole him afterwards about Proust.*** Im Anschluss daran also ein langer Diskurs »zweier Gelehrter« – ***He is intelligent, unhappy mad eyes*** –, der eine Woche später in

Gegenwart einer frisch promovierten Studentin – *German girl Tiedtke* – seine Fortsetzung findet. (19/11)

Das Wintersemester 1936 an der Hamburger Universität hatte am 2. November begonnen. Gasthörer konnten für eine Verwaltungsgebühr von einer Reichsmark »Teilnehmerkarten« erwerben, die vor Eintritt in den Hörsaal von einem Pförtner abgestempelt wurden.
Dr. Burmeister ist im Vorlesungsverzeichnis Wintersemester 1936/1937 mit dem Thema »Deutsche Malerei der Romantik« am 11. und 12. November aufgeführt. Dr. Lucien Brulez im Seminar für englische Sprache und Kultur (Rothenbaumchaussee 5) für »Französisch I und II« am 12. und 19. November, jeweils von 17 bis 19 Uhr Thema: »Diderot Paradoxe sur le Comédien«.
Lucien Brulez (1891–1982) stammte aus Belgien, promovierte über Kant und kam Anfang der zwanziger Jahre – über Brüssel, Gent, Antwerpen und Jena – nach Hamburg. In Brüssel lernte er seine Frau, die Rumänin Fortuna Mavromati, kennen, die ebenfalls Philosophie studierte und später Malerin wurde. Sie hatten eine Tochter, ein Sohn starb bereits im Säuglingsalter. Brulez und Mavromati trennten sich, Brulez zog mit seiner Studentin Margarethe Rüschmann zusammen und lebte mit ihr nach dem Abschied von der Universität 1956 bis zu seinem Tod in Hademarschen/Holstein.
Fortuna Brulez-Mavromati, 1903 in Rumänien geboren, lebte viele Jahre in Hamburg und starb 1999 in Berlin. Seit Beginn des Zweiten Weltkriegs galt sie als verschollen, doch konnte im Frühjahr 2005 in einem Telefongespräch mit ihrer Tochter in Berlin in Erfahrung gebracht werden, dass sie nicht – wie befürchtet – dem nationalsozialistischen Terror zum Opfer fiel, sondern nach Rumänien zurückkehrte und viele Jahre später von dort nach Berlin zog. Fortuna Brulez-Mavromati war sowohl Mitglied von Hans W. Fischers »Tafelrunde« als auch der »Künstlergruppe des Hamburger Expressionismus«.

Möglicherweise begegnet Beckett Fortuna zusammen mit anderen Künstlern nach einer Veranstaltung im Kunstverein am 22. November – auf dem Weg zu den Durrieus. ***Drive back to Bundesstrasse by an enormous Biedermeier Architect, with inevitable painter wife.*** (22/11) Die anschließende Bemerkung ***(Rosa Schapire finding Brulez's wife more interesting than him)*** lässt den Schluss zu, dass mit dieser ***painter wife*** Brulez' Frau, also Fortuna Brulez-Mavromati gemeint ist. Von ihren Bildern, zuletzt fast ausschließlich von religiösen Motiven geprägt, hängen etliche heute in der Wohnung ihrer Tochter in Berlin.

Dr. Irma Tiedtke, Jahrgang 1914, Sekretärin – wie in ihrer Hausmeldekartei Marienterrasse 3 unter »Beruf« steht –, stammte aus Rahlstedt. Titel ihrer Dissertation: *Symbole und Bilder im Werke Marcel Prousts* (1936 im Paul Evert Verlag, Hamburg, erschienen). Nach ihrer ersten Begegnung begleitet Beckett sie zum Dammtor-Bahnhof – ***Looks Jewish. Refuses to drink coffee & refuses to make an appointment*** (19/11) –, urteilt jedoch nach der Lektüre ihres Buches: ***Eine Langeweile.*** (28/11) Zwei Tage zuvor erreichte ihn allerdings ihre ***Proust***- Essay-Kritik. Irma ist also nicht sein Fall, bei ihrem letzten Treffen hört er ihren endlosen, ihn anödenden Tiraden kaum noch zu, eilt schließlich davon und lässt sie sitzen ***with her coffee Haag*** (30/11).

Irma Tiedtkes Spur verliert sich im Juli 1943. Auf den Listen der aus Hamburg Deportierten findet sich ihr Name jedoch nicht. Hatte sich Beckett bei seiner Einschätzung, sie sei Jüdin, geirrt? Laut ihrer Hausmeldekartei soll sie nach Neustadt an der Dosse verzogen sein.

13/11 FREITAG

Eigene Bücher. Hildebrand Gurlitt. Ilse Lynn Schneider.

Beckett hatte einige Exemplare seiner Bücher bei seinem Verlag in London geordert (Chatto & Windus, hier bereits am 24/10 erwähnt), am 11. November treffen sie in Hamburg ein.

Heute hinterlegt er zunächst ein Exemplar des *Proust*-Essays für Lucien Brulez in der Universität und offeriert gegen zwei Uhr mittags Margaritha Durrieu ***the Pricks*** (*More Pricks than Kicks*). Anschließend Dr. Hildebrand Gurlitts Kunstkabinett, Alte Rabenstraße 6. Letzter Tag der Beckmann-Ausstellung (siehe 10/11).

Sechs Wochen in Hamburg sind um, drei Wochen währt Becketts Aufenthalt noch. Der letzte Themenkreis – Hamburger Künstler, Galeristen und Sammler – tut sich auf.

Außer Arbeiten von Max Beckmann sind bei Gurlitt Radierungen von Otto Dix zu sehen – ***50 Blätter, 750 RM.*** Bis auf einige ***Gruesome & uneven (...) A nightmare talent, a George Grosz of mutilation.*** Und, offenbar in ***Gurlitt's private room***, Zeichnungen von Stegemann, Bilder von Fiedler, Nolde und Spitzweg. Skulpturen von Ruwoldt und Gessner.

Hildebrand Gurlitt, 1895 in Dresden geboren, Kunstkritiker, Museumsdirektor in Zwickau, 1931 bis 1933 Geschäftsführer des Hamburger Kunstvereins – eine zwielichtige Figur der Hamburger Kunstszene. Neben Peter Lüders, den Beckett drei Tage später kennen lernt, der einzige Hamburger Galerist, der über 1937 hinaus, dem Jahr der öffentlichen Beschlagnahme, mit verfemter Kunst handelte. 1939 jedoch fungierte er außerdem als Agent bei der Einrichtung des »Führermuseums«, vermittelte während des Krieges Kunst aus jüdischem Besitz an Privatsammler und die Hamburger Kunsthalle, tauschte »Entartete« gegen »Genehme«. 1942 ging er zurück nach Dresden, bei der Bombardierung im Februar 1945 wurde seine kostbare Sammlung vernichtet. Nach dem Krieg bis zu seinem Tod 1952 leitete er den Düsseldorfer Kunstverein.

Anschließend eilt Beckett zu Ilse Lynn Schneider, der jungen Dame in Harvestehude, heute Pöseldorf (hier bereits am 7/10 erwähnt), damals 22 Jahre alt. Wahrscheinlich lernte er sie im Salon von Frau Fera kennen; denn zwei Tage zuvor hält er im Tagebuch Sätze aus einem Brief fest, den er Frau Fera – unter Beigabe seines *Proust*-Essays – zukommen lässt: ***»... Das Mädchen, dessen Schönheit wie ein Gärstoff sie mir in den Kopf eingeführt haben ... usw.«***
Fräulein charming & extremely goodlooking, befindet Beckett über Ilse Lynn, nachdem er in der Wohnung ihrer Eltern, Böttgerstraße 14, Tee mit ihr getrunken und einigermaßen brav parliert hat. ***Mother English (...) Miesepetrig son*** (also Bruder). ***Mother goes ...*** Ilse Lynn Schneider, belesen, leiht ihm Franz Werfels *Verdi,* und er lädt sie für den nächsten Montag zu einem Galeriebesuch ein; wozu es dann leider nicht kommt, weil sie mit ihrem Vater zu einer Luftschutzübung beordert wird. ***Lastschutz,*** schreibt Beckett in sein Tagebuch und gibt die zweite Kinokarte, die für sie vorgesehen war, an Mr. Power aus Peru.
Bei Ilse Lynn wäre Samuel Beckett – hätte er ihr gefallen – vielleicht hängen geblieben? ***She might easily become important, so defenceless am I now, defencelessly on the defence.*** Allerdings hofierten wohl zu viele junge Herren

Ilse Lynn Schneider als junge Frau

aus Hamburg die perfekt englisch sprechende Schöne, als dass sie sich ernsthaft für diesen zwar irgendwie skurrilen, aber völlig mittellosen Iren interessiert hätte – der besaß ja noch nicht einmal einen passenden Anzug. Diverse Anrufe, ein gemeinsamer Konzertbesuch waren ihr durchaus genehm, doch allmählich wird die gegenseitige Enttäuschung spürbar, ***of course the usual cultural tripe***, und dann: ***She is a pleasant disappointment.*** (20/11)

Ilse Lynn Schneider, 1914 in London geboren, konnte über Lütjensee, wo ihr Vater, der Kaufmann Hermann Schneider, ein Haus besaß, in das er während des Krieges mit seiner Familie zog, ausfindig gemacht und – längst wieder in Hamburg ansässig – im Frühjahr 2003 besucht werden, wobei auch ihr Bruder zugegen war. Ein Foto Becketts aus den dreißiger Jahren überraschte sie, »komischer junger Mann«, die Zeilen im Tagebuch, in denen sie selbst vorkam, weckten Interesse, die eigene Erinnerung jedoch blieb zunächst stumm. Erst nach und nach kam das eine oder andere zurück. Er sei unterhaltsam gewesen, seine Art allerdings etwas »zu drängend«. Die Härte, mit der er auf ihre Ablehnung reagierte (27/11), erstaunte sie.

Ihr Bruder machte – anhand des *Hamburgischen Wörterbuches* – freundlich darauf aufmerksam, dass mit ***miesepetrig*** eher »kränklich« gemeint sei. So gesehen also eine durchaus zutreffende Beschreibung seines damaligen Zustandes. An Beckett selbst hatte auch er – er war, als Beckett seine Schwester besuchte, noch sehr jung – nur eine schwache Erinnerung.

Ilse Lynn Schneider heiratete 1940. Eine ihrer beiden Töchter lehrt heute an der Emory University in Atlanta/Georgia, wo sich auch die Forschungsstelle »The Correspondence of Samuel Beckett« befindet. Von dem »persönlichen Bezug« Becketts zu ihrer Mutter wusste sie nichts.

Abends in der Pension Radio-Übertragung eines Konzerts – ***Beecham with London Philharmonic from Berlin.*** Haydns Fünfte Symphonie, ***superbly played.*** Berlioz, Chamberlain, Händel, Elgar – ***The Galsworthy of music.*** Das weitere Programm – mal wieder und wie so vieles – ***boring*** und ***awful.*** Auch bei Musik kannte Beckett – selbst passionierter Klavierspieler und äußerst verletzlicher »Konsument« – kein Pardon.

Dieses Konzert war das erste des vier Jahre zuvor von Sir Thomas Beecham gegründeten Orchesters auf deutschem Boden und fand in der Berliner Philharmonie statt.

Beecham habe in Dresden studiert, betrachte sich als Freund der deutschen Kultur und verachte die im Ausland weit verbreitete Auffassung, England sei ein Musikland, »als einen ganz gewaltigen Irrtum«, kommentierte das *Hamburger Fremdenblatt* vom 13. November das musikalische Großereignis in der Reichshauptstadt.

14–15/11 SAMSTAG, SONNTAG

Rosa Schapire. Karl Schmidt-Rottluff.

Zwei Tage bei Rosa Schapire, eine ***Wohnung full of Schmidt-Rottluff.*** Osterbekstraße 43. Empfang auf Empfehlung von Margaritha Durrieu. ***Lovely journey on water,*** vom Jungfernstieg – Binnenalster, Außenalster, Kanal Langer Zug – zum Mühlenkamp. ***Pleasant old lady.***

Rosa Schapire, geboren 1874 in Brody, eine der ersten Kunsthistorikerinnen, die sich überregional einen Namen machten. Sie war Förderin der »Brücke«, selbst passives Mitglied, Mitbegründerin des »Frauenbunds zur Förderung deutscher bildender Kunst« und Mitherausgeberin der Zeitschriften *Die Rote Erde* und *Kündung.* Sie übersetzte aus dem Polnischen und Französischen, hielt Vorträge, schrieb Artikel und Bücher, unter anderem über Emil Nolde und Karl Schmidt-Rottluff. 1939 emigrierte sie nach London. Von ihrer umfangreichen Gemäldesammlung erreichten lediglich Schmidt-Rottluffs Bilder, ein Teil seiner Graphik und ihre Postkartensammlung England. Alle weiteren Gemälde, Kunstgegenstände und Hausrat – in einem Liftvan bei einer Hamburger Transportfirma eingelagert – wurden im September 1941 von der Gestapo beschlagnahmt und im Oktober desselben Jahres als »Judengut« in einer amtlichen Auktion versteigert. Rosa Schapire starb 1954 in der Tate Gallery.

Mad little woman. Bei seinem zweiten Besuch offeriert Beckett ihr zwei seiner eigenen Bücher (den Gedichtband *Echo's Bones* und *More Pricks than Kicks*) und erörtert Änderungen seiner deutschen *Cascando*-Fassung (hier bereits erwähnt am 2/11). Schapire schwärmt für Giono und Rilke,

Wohnung Rosa Schapire, Osterbekstraße 43, von Schmidt-Rottluff gestaltet

weniger für George und Proust, ***Pooh-poohs*** Hartmann, Beckmann, Hestermann …, rät ihm dazu, sich in der Kunsthalle unbedingt Kirchner und Munch ***(»Unaufgezogener Bestand«)***, im Museum für Kunst und Gewerbe ***(via Professor Dingelstedt)*** einen Schmidt-Rottluff-Teppich anzusehen. Karl Schmidt-Rottluff, ihr Favorit unter den Expressionisten und persönlicher Freund. ***Even furniture designed & painted by him. Whole dwelling a shrine to him.*** Zigarettendosen, Aschenbecher, Kissen und Bettdecken – offenbar alles in Rosa Schapires Wohnung stammte von seiner Hand, gemalt und angefertigt in den Jahren 1908 bis 1934.

Auch etliche Hamburger Maler waren Gäste in dieser engen Wohnung in der Osterbekstraße in Hamburg-Winterhude und haben Eindrücke zu Papier gebracht. So schrieb Arnold Fiedler in einem Brief an den Kunsthistoriker Gerhard Wietek: »Man sah vom Fenster auf den Kanal (…) und da es meist abends war, wenn Rosa Schapire Besucher hatte, war es trübe und dunstig grau. Dafür war das Zimmer in grün gestrichen, leuchtend und zu den starkfarbigen Bildern von Schmidt-Rottluff gut passend (…) Das ganze machte den Eindruck einer intimen und eigenartigen Behausung eines kunst- und bilderbesessenen Menschen.« (14. Dezember 1962)

Am Abend kauft Beckett eine Hose und einen Schlips – wollte er am folgenden Tag einen besseren Eindruck machen? – und spielt anschließend in der Pension bis spät in die Nacht mit Hoppe und Luther ***Knobel with matches.*** Tags darauf? ***Go to Schmidt-Rottluff as a keelhauling. Buffeted.*** Der letzte Satz im Tagebuch heute lautet jedoch: ***Went to be mocked, stayed to pray.*** Was ist geschehen? Rosa Schapire bat Beckett um Stellungnahme zu einem ***Frauenbildnis***, er gestand, erhebliche Schwierigkeiten damit zu haben, erklärte sich auf ihren Wunsch hin jedoch genauer. Und auch wenn Rosa Schapire ihm später eröffnete, dass dieses Bild ein Porträt von ihr sei und Beckett daraufhin, fast schon wie zu seinem eigenen Bedauern, feststellte: ***… what a pitiless-pitiful portrait of her it is*** – der Nachmittag bei dieser »großen Dame« der Kunstgeschichte in ihrem – für ihn zunächst fast skurrilen – »Karl-Schmidt-Rottluff-Kosmos« war nicht vertan. Nicht nur zu allgemeinen Überlegungen über »Bilder und deren Wirkung auf den Betrachter« regte er Beckett an, sondern er lässt ihn den konkreten – für ihn so wichtigen – Gedanken fassen, dass solche Kunst, die selber ein Gebet sei, Gebet erzeuge und es auch in dem Betrachter freisetze.

Das bekannte, 1919 von Schmidt-Rottluff in Hohwacht gemalte Porträt Rosa Schapires hängt heute in der Tate Gallery.
Noch dreimal treffen sich Beckett und Rosa Schapire. Am 19. November in der Kunsthalle, am Totensonntag (22/11) unternehmen sie einen Ausflug nach Hochkamp, um Heinrich C. Hudtwalckers Kunstsammlung anzusehen. Zuletzt sehen sie sich am 17. Dezember in Berlin wieder – in Schmidt-Rottluffs Wohnung, Bamberger Straße. Der Maler selbst und seine Frau sind allerdings verreist.

16/11 MONTAG

Kunstraum Lüders. Peter und Ewald Dülberg.

Raining in torrents. Zusammen mit Margaritha per Straßenbahn zum Neuen Wall, von dort weiter zu Fuß zum ***Kunstraum Lüders, Admiralitätsstraße 12.*** Hier wird – Gurlitt hatte sie empfohlen – eine Ausstellung des Malers Peter Dülberg gezeigt.

Peter Dülberg & not alas father, heißt es am 13/11 im Tagebuch. Ein *Abendmahl* des Vaters, Ewald Dülberg (1888–1933), hatte Beckett viele Jahre zuvor bei seinem Onkel, dem Kunsthändler William Sinclair, in Kassel gesehen (hier bereits erwähnt am 5/10) – und nicht vergessen. In seinem Roman *Traum von mehr bis minder schönen Frauen* (erst posthum 1993 erschienen) spielt er vielfach auf dieses kleine Tafelbild an, das seit Mitte der dreißiger Jahre als verschollen gilt. Ewald Dülberg lehrte von 1921 bis 1926 an der Kasseler Kunstakademie.

Die Bilder Peter Dülbergs allerdings gefallen Beckett nicht: ***Horrid pictures (...) Zuckerkranke Bilder, wimmernde Farben, influence of Dali ...***

Peter Dülberg, 1911 in München geboren, litt tatsächlich an Diabetes. Bedingt durch ständig wechselnde Anstellungen seines Vaters, wuchs er in vielen Städten Deutschlands auf, lebte nach diversen Studien und Ausbildungen seit 1930 in Hamburg, wurde jedoch kein Mitglied der »Sezession«. 1941 erhielt er Ausstellungsverbot, durfte aber – im Gegensatz zu vielen seiner Malerkollegen – weiter arbeiten. Bei der Bombardierung Hamburgs 1943 wurden die meisten seiner Bilder zerstört, er floh nach Süddeutschland, arbeitete zunächst als Übersetzer und nahm erst 1953 die Malerei wieder auf; infolge seiner schweren Krankheit jedoch äußerst reduziert. 1976 starb er in Stuttgart.
Am 22. November lernt Beckett Peter Dülberg während einer Ausstellungseröffnung in Gurlitts Kunstkabinett noch persönlich kennen und nimmt enttäuscht zur Kenntnis, dass nicht einmal der Sohn weiß, wo das *Abendmahl* seines Vaters abgeblieben ist.

2 cramped rooms and a vestibule, so beschreibt Beckett den Kunstraum im engen Altstadthaus, den Galeristen selbst als ***the typical seedy dealer***, ununterbrochen redend. Lüders zeigt Arbeiten weiterer Hamburger Künstler und stellt anschließend den ersten Kontakt zu Eduard Bargheer her, zu dessen Atelier im Alligatorhaus am Jungfernstieg es vom Kunstraum nur wenige Schritte sind. Zehn Tage später besucht Beckett den Maler ein zweites Mal, wieder zusammen mit Margaritha Durrieu.

Der Kunstraum, ein kleines Bollwerk gegen den Strom der Zeit. Peter Lüders (1872–1945) stellte, wie bereits erwähnt, auch noch nach der Machtübernahme – selbst noch nach der Aktion »Entartete Kunst« – Sezessionisten und namhafte Expressionisten aus. Während des Krieges versteckte er Ernst Barlachs Modell des Hamburger *Ehrenmals* in seiner Wohnung. 1943 ging der Kunstraum in Flammen auf, Lüders starb noch vor Kriegsende.

Ein Treffen mit Günter Albrecht im Anschluss an den Galeriebesuch misslingt – dieser verabschiedet gerade seinen Freund Axel Kaun (hier bereits am 9/10 erwähnt) –, und auch das Treffen mit Ilse kommt nicht zustande. Stattdessen ein trauriger Kinobesuch mit Mr. Power aus Peru, eine unsägliche ***Meuterei*** (siehe 24/10) – und spät in der Nacht, wieder einmal, ***Reading lamp kaputt.***

17/11 DIENSTAG

Kein Teppich. Goverts Verlag.

Zweiter Besuch im Museum für Kunst und Gewerbe, begleitet von Margaritha Durrieu. Jedoch auch der von Rosa Schapire empfohlene ***Dr. Dingelstedt*** kann nichts mehr ausrichten, der Teppich ist bereits ins Magazin verbracht. ***Curled up in its cell.*** Zum Trost bekommen die beiden enttäuschten Besucher den ***Viel bestrittenen Ring*** (von Schmidt-Rottluff) in der gerade zu Ende gegangenen Ausstellung »Goldschmuck der Gegenwart« gezeigt – und außerdem die Porzellansammlung, wobei der ganze ***Schwertzierat*** nicht eigentlich Becketts Interesse ist. ***Another blank day.*** Margaritha hingegen ist unersättlich. Holländische Vasen, Meißner Porzellan – ***Diamantritz-, Stipp- u. Punktiertechnik, »wie ein Hauch«***, murmelt sie. Beckett gibt auf.

Dr. Kurt Dingelstedt, Kustos des Museums, verfasste die Einführung in Max Sauerlandts posthum erschienenes Buch (siehe 2/11), gedruckt jedoch ohne Namensnennung. Beckett meint, *Die Kunst der letzten 30 Jahre* sei verboten worden ***because of indiscrete Einleitung by some artist.*** (2/11) Was nicht zutraf.

Verschollener Wandteppich nach Entwürfen von Schmidt-Rottluff

Bis heute gilt der Teppich nach Entwürfen von Schmidt-Rottluff als verschollen. 1927 in der Staatlichen Landeskunstschule am Lerchenfeld im Auftrag des Museums gefertigt, hing er lange Zeit im ersten Raum der Sammlung mit vorgeschichtlichen Funden; gemäß Max Sauerlandts Konzept, moderne Kunst in Gegenüberstellung alter Kulturen zu zeigen. Möglicherweise wurde der Teppich infolge des am 5. November 1936 an alle Museumsdirektoren in Deutschland schriftlich ergangenen Appells zur »Säuberung der Museumsbestände« – was hieß, »entartete Kunst« aus ihren Räumen zu entfernen – abgenommen. Also nur wenige Tage vor Samuel Becketts Besuch.

Anschließend ***omelette rolled asparagus*** mit Herrn Power im vegetarischen Restaurant ***Daheim.*** Dazu ***a thimble of alcoholless grape juice.*** Später Günter Albrecht, der berichtet, dass sein Freund Axel Kaun im Goverts Verlag an der Moorweidenstraße auf Becketts *Proust*-Essay gestoßen sei. Welch erfreuliche Mitteilung! Beckett kommt ins Reden, schildert seine Eindrücke aus den vergangenen Tagen, stößt mit der Erwähnung von Rosa Schapires Sammlung auf großes Interesse bei dem jungen Buchhändler – und löst so wohl die schon mehrfach zaghaft angedeutete Einladung zu einem »Familienbesuch« in Horn aus. ***Express a craven delight.***

Ein Satz, der viel von Becketts ambivalentem Verhältnis gegenüber »zu privaten« Vereinnahmungen preisgibt. Café- oder Kneipenbesuche gern. Aber Familie? Kränken oder gar brüskieren will er sein Gegenüber jedoch auf keinen Fall, und so nimmt er die Einladung an, besucht sechs Tage vor seiner Abreise aus Hamburg Familie Albrecht in Horn.

Kurz zurück in die Pension. Beckett erinnert sich des Gedichts, welches er dem Hausmädchen Emmy für ihren verunglückten Freund versprochen hat (8/11), wobei er die Überlegung anstellt, wie denn ein Mann durchs Leben kommen will, der es nicht einmal, ohne einen Unfall zu verursachen, über die Autobahn schafft. ***»Das Dunkel u. Getriebe, In der alten Stadt der Liebe.«*** Der weitere Nachmittag vergeht mit Dr. Hellmut Reichert und seiner ***»Mausi«*** in dessen neuer Wohnung in Horn (hier bereits erwähnt am 13/10). Auf dem Rückweg zur Straßenbahnhaltestelle Borstelmannsweg laufen die drei nah am »Rauhen Haus« vorbei – ***Famous Reformatory*** – und damit schon fast an der Albrecht'schen Wohnung im Horner Stieg.

Das »Rauhe Haus«, eine 1833 aus religiösem Geist von J. H. Wiechern gegründete Erziehungsanstalt »für Kinder aus allen Kreisen des Volkes«. Angegliedert Wiechern-Schule, Wohlfahrtspflegeschule und Diakonenseminar.

18/11 MITTWOCH

Bußtag.

Cold & wet. Town dead. Der Tag vergeht damit, Karten für ein Konzert der Berliner Philharmoniker am 20. November im ***Convent Garten Theater*** zu organisieren. Aber weder im Theater selbst noch in der ***Musikhalle*** noch am ***Neuen Wall 41*** ist etwas zu machen.

Im Haus Neuer Wall 41 befanden sich die Konzertkasse Dr. Rudolf Goette und die Agentur C. T. Wolters. Diese sucht Beckett am 21. November erneut auf, um ein weiteres Programm des Konzerts vom Vortag zu erwerben.

Und die an diesem Abend, wie leider schon so manches Mal, äußerst platte Heiterkeit in der Hoppe-Runde – Fräulein Schön erscheint im roten Kimono – verdirbt vollends die Laune. ***Luther quotes: »Glücklich ist wer vergißt was nicht mehr zu ändern ist«***, und Beckett kontert auf den Vorwurf, dass er nicht mithalte: ***»Die Witze sind so blendend, dass ich nicht rivalisieren kann.«*** Immerhin versichert Ilse Lynn am Telefon: ***»Furchtbar gern«***, als er ihr den gemeinsamen Besuch des Konzerts anträgt – vorausgesetzt, dass es ihm gelinge, noch Karten zu bekommen.

19/11 DONNERSTAG

Letzter Besuch der Kunsthalle. Im Magazin.

Elfter und letzter Besuch der Hamburger Kunsthalle. Auch hier scheint der »Säuberungsappell« vom 5. November 1936 bereits gegriffen zu haben. Einige Bilder sind umgehängt. Zunächst Kupferstichkabinett, mit der Bitte um Vorlage der von Rosa Schapire empfohlenen Arbeiten von Schmidt-Rottluff und Kirchner aus dem ***»Ungezogenen Bestand«.*** (Ein Wortspiel mit den Begriffen »aufgezogen« und »unaufgezogen«, womit eigentlich entweder in Passepartouts eingelegte Blätter oder nicht eingelegte Blätter gemeint sind.) Nur unwillig und mit dem Hinweis, wie viel besser es doch sei, sich dem ***»bezogenen Bestand«*** zu widmen, wird Becketts Wunsch entsprochen.
Suddenly Schapire & an official (Test?) at hand. In Begleitung von Dr. Karl W. Tesdorpf – einem wissenschaftlichen Hilfsarbeiter und freundlichen jungen Mann ***with usual questionable breath*** – gelangt »der Ausländer« ins Magazin. Schmidt-Rottluff, Kirchner, Kokoschka, Pechstein – die Hauptwerke expressionistischer Malerei hängen jetzt hier. Auch Noldes *Christus und die Kinder.* Ein Bild, das Beckett so beeindruckte, ***that I want to spend a long time before it, & play it over & over like the record of a quartet.*** Für Max Liebermanns Bilder bleibt keine Zeit mehr – ***all in a room to themselves*** –, Tesdorpf drängt weiter, hat eindeutig anderes mit dem Gast vor, versucht, nach Verlassen der geschlossenen Räume, ihn zu den ***the 2 Runge mornings (...)*** zu bekehren, ***But they make me feel ill.*** (Hier bereits erwähnt am 21/10.) Max Liebermann vielleicht ein anderes Mal? Dazu kommt es allerdings nicht mehr.

Erst ein paar Wochen später in Berlin. *»Ich habe weiter die sehr angenehme Überraschung erlebt, 6 Bilder von Liebermann in der Nationalgalerie zu finden«,* heißt es in dem Brief vom 31. Dezember 1936 an Günter Albrecht.

In den Akten der Kunsthalle findet sich unter dem Stichwort »Besichtigung der Kunsthalle durch Ausländer« ein Bericht, zu dem sich Dr. Tesdorpf augenscheinlich verpflichtet sah:
»Am Donnerstag, den 19. November, wendete sich ein junger, englischer Literaturhistoriker (aus Schottland) mit der Bitte an mich, außer den in den Kabinetten hängenden Bildern von Schmidt-Rottluff auch die zur Zeit nicht ausgestellten im zweiten Stock sehen zu dürfen, wozu ich ihm Gelegenheit gegeben habe. (...) Im Anschluß führte ich ihn zu Munchs *Die Kinder von Dr. Linde* und zum *Morgen* von Philipp Otto Runge, dessen Verständnis ich ihm näher zu bringen versuchte. Auch sah er noch die Werke von Marc. Auf seinen Wunsch ließ ich ihm im Kupferstichkabinett die Kriegsbriefe von Franz Marc aushändigen. W. Tesdorpf«.
(Marcs *Briefe, Aufzeichnungen und Aphorismen* wie auch Max Deris *Neue Malerei,* die Beckett ebenfalls im Kupferstichkabinett einsieht, befinden sich noch heute im Bestand der Bibliothek.)
Offenbar hatte der »Hilfsarbeiter« Dr. Tesdorpf seine Kompetenzen überschritten, jedenfalls setzte Dr. Werner Kloos (ab 1937 Leiter der Kunsthalle) am 20. November 1936 noch handschriftlich hinzu: »Herr Tesdorpf wurde auf die Verfügung vom 28. August 1936 betr. Ausländerbesuch hingewiesen.«
Aber auch damit war der Vorgang noch nicht abgeschlossen. Fast drei Monate später, am 8. Februar 1937, ergänzte Wilhelm von Kleinschmit-Lengefeld (ab 1934 kommissarischer Leiter der Kunsthalle): »Lediglich als Besichtigung der Schausammlung anzusehen und nicht darüber (...?) Behörde zu berichten.« Wobei er wohlweislich einen Hinweis darauf ausließ, auf wessen Empfehlung der Ausländer ins Magazin gelangt war.

Zum Lunch wieder einmal in die *SS*, anschließend zum Schuster. Das viele Herumlaufen geht auf die Sohlen. Nachmittags das zweite Treffen mit Brulez und die erste Begegnung mit Irma Tiedtke (hier bereits erwähnt am 12/11), und abends flimmern Gustaf Gründgens und Marianne Hoppe in *Eine Frau ohne Bedeutung* über die Leinwand des Ufa-Palasts (siehe auch 24/10). Nach der Vorstellung eröffnet ihm Claudia Asher bei einem Glas Wein, dass sie ein Angebot, drei Jahre nach Afrika zu gehen, abgelehnt habe. ***She is an earnest, »good«, halitosic bore, but at least disposes of German.***

Claudia Ashers Nichte konnte sich daran erinnern, dass die Tante immer ein starkes Interesse an Afrika gehabt und wohl in den sechziger Jahren eine Freundin dort besucht habe. Jedoch sei sie bis zuletzt Befürworterin der Apartheid geblieben.

20/11 FREITAG

Ein »Abschiedskonzert«.

Heute zunächst eine weitere langweilige »akademische Begegnung« mit Dr. Irma Tiedtke. Proust, Mallarmé, Gide. Vorher ein kurzer Blick zum Goverts Verlag in der Moorweidenstraße (hier hatte Axel Kaun ein Exemplar des *Proust*-Essays gesehen), jedoch ohne den Mut zu fassen, hineinzugehen.

Der Goverts Verlag wurde 1934 von Henry Goverts und Eugen Claassen gegründet. Zu seinen Autoren gehörte unter anderen Marie Luise Kaschnitz. 1937 erschien hier die deutsche Übersetzung von Margaret Mitchells *Vom Winde verweht*.

Abends Konzert mit Ilse Lynn Schneider. Offenbar ist der Kauf von zwei Karten doch noch gelungen. »Warming up« in der Bar des Hotels Esplanade, dem noch heute erhaltenen Prachtbau Ecke Dammtorstraße/Stephansplatz. Von dort soll es hinüber zum Conventgarten-Theater gehen, ein Fußweg von nur wenigen Minuten. Jedoch, die junge Dame erscheint nicht allein, ein ***calvitious Kaufmann*** begleitet sie. Also ein Chaperon – ein »Anstandswauwau«. Dieser macht Konversation, spreizt sich damit, den Stil von Geschäftsbriefen verbessern zu wollen, und erkundigt sich höflich, ob Beckett ebenfalls ein Kaufmann sei. ***I say on the contrary. I drink a bad dry Martini. Her hat spoils her face.*** Dann brechen sie auf. Der Chaperon hatte offenbar – trotz allem – »grünes Licht« gegeben.

Conventgarten-Theater, zwischen Kaiser-Wilhelm-Straße und Fuhlentwiete

Das Conventgarten-Theater zwischen Kaiser-Wilhelm-Straße und Fuhlentwiete, 1853 zunächst als Tanzgarten eröffnet, avancierte aufgrund der unvergleichlichen Akustik seines großen Saals rasch zum »weltberühmten« Konzerthaus. Selbst nach dem Bau der Musikhalle 1908 traten hier noch Künstler wie Wilhelm Furtwängler auf (den Beckett am 15. März 1937 in München hört – und enttäuscht ist). Im Zweiten Weltkrieg wurde das Conventgarten-Theater zerstört, heute befindet sich auf dem Gelände die Axel-Springer-Passage, angrenzend an das Springer-Haus.
Das Konzert, das Beckett mit Ilse Lynn Schneider besucht, war eines der fünf »Abonnementkonzerte« der Berliner Philharmoniker während der Wintersaison 1936/1937 in Hamburg. Zwei von ihnen dirigierte Victor de Sabata, Cello-Solo Arthur Tröster.

Zwei Sitzplätze, direkt hinter einer üppigen Statue, viel sehen kann das Paar nicht. Auf dem Programm stehen: Strauss' *Don Quixote*, Ravels *Bolero* und die Sinfonie Nr. 2 von Brahms. Notizen zu Werken und Interpreten. ***Have impression that Sabata more conducted than conducting, though I cannot see him.*** In der Pause ein Treffen mit Margaritha Durrieu – Konzerte, damals wie heute, Kulisse für Hamburger Gesellschaftsleben.
Anschließend ins Halali, ein ***pleasant Jewish lokal*** in den Große Bleichen. ***She drinks a Brandy flip(!) & I a bottle of bad Rhein***, dennoch ist nichts mehr zu retten – trotz Ilses Schönheit, ihrer wunderbaren Augen ***with a slightly verbummelte complexion***, die Liebe ist dahin! Ein mühsam aufrechterhaltenes Gespräch über Musik und Bildhauerei – Ilse unterdrückt ihr Gähnen. Per Taxi bringt er sie zurück ins Elternhaus nach Winterhude.

21/11 SAMSTAG

Familie Sauerlandt. Hamburger Dom.

Am Morgen über Kurt Hoppe eine Einladung ***to a Kleine Hausmusik*** bei einem Ehepaar Rümker, kommenden Dienstag, halb acht – Beckett nimmt an. Heute ist erst Samstag, er hat noch Zeit.
Dann wieder los. ***Ask a Schupi where is Loogestr.***

Hier, in der Loogestraße 26 in Eppendorf, in unmittelbarer Nähe der U-Bahn-Station Kellinghusenstraße, wohnte Alice Sauerlandt mit ihren fünf Töchtern und einem Sohn. Diesen, zwei der Töchter, ein ***Ehepaar & lone bird*** trifft Beckett außer der Dame des Hauses bei seinem ersten Besuch an.

Ein Haus voller berühmter »verbotener« Bilder und Skulpturen. Hier hängen Emil Noldes *Herrscher* und *Die Feriengäste* an den Wänden, Aquarelle von Schmidt-Rottluff und Kirchner, Graphiken von Nass und Wolff. Daneben sieht Beckett hier zum ersten Mal ***a Ballmer,*** ein Bild des damals in Hamburg lebenden Schweizers und guten Freundes der Familie, den er fünf Tage später in seinem Atelier in der Lübecker Straße aufsucht.
Rather pedantic atmosphere, especially in son & mother. Alice schwärmt für Hindemith (ebenfalls verboten), besteht darauf, sich eine Schallplatte *Matthies der Maler* anzuhören und verweist auf die Parallelen der Komposition zu den Flügeln des Isenheimer Altars. Zuletzt erwirbt Beckett endlich das so begehrte, verbotene Buch ihres Mannes.
Fünf Tage später kehrt er zurück. ***Find the Sauerlandts rather ludicrous. The widow teaching without ceasing,*** der

Sohn widerspricht in allem, auch den Äußerungen seiner Mutter über Karl Ballmer. Und Beckett widerspricht ihm. Nein, Ballmer sei kein blinder Maler von Visionen – ***I find this grundverkehrt & say so.*** (26/11)

Sauerlandts Sohn Max, geboren 1912, war Mitglied der SA, nahm aber – wie auch seine Schwestern – an den bereits nach Amtsenthebung im Sommer 1933 erstmals an der Hansischen Universität gehaltenen Vorlesungen seines Vaters zu dessen Schutz teil. Immer in banger Erwartung von Störungen, wenn nicht gar dessen Verhaftung. Max Sauerlandt junior fiel 1942 an der Ostfront, von den fünf Töchtern leben noch zwei.

Im Besitz der vierten Tochter, Katarina Kautzky – die während des Besuchs von Samuel Beckett in ihrem Elternhaus 1936 nicht anwesend war –, fanden sich Fotos der Zimmer. Auf ihnen begegnet man allen von Beckett dort gesehenen Bildern und Skulpturen, außerdem der ältesten Schwester Susanne am Klavier – eine Situation, auf die Beckett bei seinem zweiten Besuch in der Loogestraße trifft und die er in seinem Tagebuch festhält. ***Admirable pianistics from daughter in next room, Bach & Beethoven.*** (26/11)

Außer den bereits genannten Bildern von Nolde bekommt Beckett in der Loogestraße noch ***Portraits of youngest daughter*** zu sehen. Zwei Aquarelle von Katarina und ihrer jüngeren Schwester Christine, gemalt – nach Auskunft Katarinas – 1928, während eines unangemeldeten Besuchs Noldes beim Warten auf die Rückkehr der Eltern. Eines der beiden hat – wie auch Karl Ballmers *Figürliche Komposition* von 1932 – noch heute bei ihr seinen Platz.

Ballmer übereignete sein Bild Alice Sauerlandt am Dreikönigstag 1934 – fünf Tage nach Max Sauerlandts Tod – mit den Zeilen: »... Ich bitte Sie nun ergebenst, dieses Bild, das ja den letzten Sommer über als Akkord in unseren gemeinsamen Gesprächen mitklang, zu getreuen Händen zu nehmen und als Ihr Eigentum zu

Im Hause Sauerlandt; über dem Klavier Noldes *Feriengäste*, am Klavier die älteste Tochter Susanne

betrachten (...) der zu einer neuen Form des Wirkens Fortgeschrittene hat ja das Bild so sehr geistig ›erworben‹, dass Ihr Haus ein Teil der Wirklichkeit dieses Bildes ist.«

Die Empfängerin wusste das Geschenk zu schätzen und schrieb Karl Ballmer und seiner Frau viele Jahre nach dem Krieg an deren damaligen Wohnort Lamone bei Lugano: »... Nichts aber hat so sehr das ihm innewohnende geheimnisvolle und starke Leben bewahrt, wie Ihr schönes Bild. Besäße ich dieses Bild nicht, dann wäre es vielleicht so, als ob damals alle Türen zugeschlagen wären. So aber blieb das Leben mir und ich dem Leben offen. Dafür kann ich Ihnen nicht genug danken!« (10. Juni 1953)

Ein wunderbares Zeugnis eigentlicher »Wirkung und Wirklichkeit« von Malerei – jenseits politischer Verhältnisse und räumlicher Grenzen.

Die großen Nolde-Bilder aus Sauerlandts Besitz (heute in Seebüll und Berlin) blieben wohl allein durch beherztes Handeln Katarina Kautzkys im August 1943 erhalten. Beunruhigt durch die am Tag nach den verheerenden Luftangriffen von Rauch verdunkelte und so gespenstisch am wolkenlosen Himmel stehende Sonne, hatte sich die damals sechsundzwanzigjährige Ärztin – im »Hamburgischen Seehospital« in Cuxhaven-Sahlenburg kriegsdienstverpflichtet – auf den Weg in ihre Heimatstadt gemacht, das Elternhaus unversehrt gefunden (ihre Mutter und die Schwestern waren zu der Zeit evakuiert), Noldes Bilder aus ihren Rahmen gelöst, aufgerollt und so aus der zerstörten Stadt gebracht.

Im Frühjahr 2005 fiel Katarina Kautzky bei Durchsicht alter Briefe an ihre Mutter eine Postkarte mit sechs Zeilen auf, geschrieben am 19. Februar 1937 in Freiberg, Sachsen: *»Geehrte Frau Sauerlandt, grüssen Sie bitte Ihre Familie u. seien Sie selbst herzlichst begrüsst. Sam. Beckett«.* Die Rückseite zeigt die Goldene Pforte

Postkarte von Samuel Beckett an Alice Sauerlandt vom 19/2/1937

des Freiberger Doms, deretwegen – so James Knowlson – Beckett auf dem Weg von Dresden nach München überhaupt nach Freiberg fuhr. Vielleicht war sie bereits Gegenstand der Gespräche zwischen Beckett und Alice Sauerlandt in der Loogestraße? Auch Günter Albrecht erhielt eine Postkarte aus Freiberg, die zwar nicht erhalten ist, deren Empfang er aber am 20. Februar 1937 Axel Kaun in einem Brief mitteilt. Vielleicht hat Beckett auch ihm – wie Alice Sauerlandt – am Tag zuvor die Goldene Pforte geschickt?

Abends, wieder einmal, Kontrastprogramm: Dombummel mit Claudia Asher! Das zweimal im Jahr gebotene Großvergnügen für jedermann auf dem Heiligengeistfeld. Vorweg allerdings noch bei Onkel Hugo an der Reeperbahn Nr. 1, dem eigentlich wegen seiner gehaltvollen Hühnersuppe beliebten Lokal; er: Würstchen, sie: Krabben, samt Gerede über *the*

Radseilbahn auf dem Hamburger Dom

usual Quatsch und Hugo von Hofmannsthal. Claudia offeriert eine Ausgabe *Tor und Tod* – ***reading it reminded her of me.*** Zwischendurch ***superb inscription*** auf der Herrentoilette: ***Tritt dicht heran/ Damit kein Neid aufkommen kann.***
Die Radseilbahn ist Beckett zu langsam, Claudia verliert fast ihren Hut, ein ***»Seeungeheuer v. Lough Ness« & two »Jonathan Swift booths«!*** erregen Aufmerksamkeit. Dennoch: ***Don't stay long.***

Auch hier hält Beckett es nicht lange aus. Wie überhaupt alles immer nur von kurzer Dauer für ihn ist. Eine Begegnung jagt die nächste, ein Bild, ein Buch folgt auf das andere. Am 26. November, überhäuft mit Kulturtipps, Ratschlägen und weiteren Adressen in Deutschland von Alice Sauerlandt, konstatiert er: ***Tired, tired, tired.***

Noch einmal Patzenhofer. Er: ein Glas Bier, sie: Armagnac und eine Suada über die Kümmernisse der Welt. So geht auch dieser Tag zu Ende. In der Zeitung ein paar ***pleasant phrases »... Das Ins-Wert-Setzen der Wahrheit.«***

22/11 TOTENSONNTAG

Heinrich Carl Hudtwalcker. Friedrich Ahlers-Hestermann.

Ausflug mit Rosa Schapire zu Hudtwalckers an der Elbchaussee. Vom Vorortbahnhof Hochkamp (eine Station vor Blankenese) ein Fußweg von etwa zwanzig Minuten, vorbei an Ilex und kleinen Tannen. Es ist kalt. Die Nummer 68 (heute 472), ein Anwesen im Stil englischer Landhäuser, direkt gegenüber dem Hirschpark. Der Hausherr, etwas traurig und blass, ***perhaps stupid English type,*** eine äußerst herzliche Gattin aus Süddeutschland. ***Südwein & cigar.***

Beckett begegnet also Heinrich Carl Hudtwalckers zweiter Frau, seine erste stammte aus Norwegen. 1880 in Hamburg geboren, war Hudtwalcker ein »hanseatischer Handelsherr in fünfter Generation«, Kontor in der Schwabenstraße, Hammerbrook. Zu seinen Vorvätern gehörten der Senator Martin Hieronymus Hudtwalcker (nach ihm ist die Straße in Winterhude benannt) und Nicolaus Hudtwalcker, einer der Mitstifter der Hamburger Kunsthalle. Seinen Söhnen gab er mit auf den Lebensweg: »Es kommt nicht darauf an, was du tust, sondern wie du es tust.« Heinrich Carl Hudtwalcker handelte mit Tran, gründete 1905 eine Zweigfirma in Oslo, lebte acht Jahre mit seiner Familie dort und wurde – zum Entsetzen der Hamburger Kaufmannsfamilie – ein Freund und Förderer des damals äußerst umstrittenen Malers Edvard Munch (1863–1944). Dieser wohnte, wenn er Hamburg besuchte, in Hudtwalckers Haus, die Kinder wuchsen mit seinen Bildern auf. Heinrich C. Hudtwalcker starb 1952 in Hamburg.

Wiederum ein Haus voller »entarteter« Bilder, das Beckett heute, am Totensonntag 1936, an der Seite Rosa Schapires betritt. ***First: Munch frieze (1890), from a Berlin theatre. Badly hung & lit …***

»An den Wänden des Eßzimmers, in der Mitte des Hauses, das eigentlich mehr einem Saal glich, hingen damals die Bilder von Munchs ›Reinhardt-Fries‹ – genannt nach dem berühmten Theatermann (…) Dieser Fries schmückte einst das Foyer der Berliner Kammerspiele, die Reinhardt gehörten. Oben um das Eßzimmer führte eine Galerie, von einem Geländer eingefaßt. Das Dach über Eßzimmer und Galerie war aus Glas. Am Tage drang das Licht von hier in die Wohnung. Fenster kannte man nicht.« So beschrieb einer der Söhne, Carl Heinrich Hudtwalcker, sein Elternhaus in einem Interview, erschienen im *Hamburger Abendblatt* im Dezember 1971.

Beim weiteren Rundgang bekommt Beckett das bekannte Munch-Bild *Bildnis des Herrn Heinrich C. Hudtwalcker* zu sehen, sogar die *Mädchen auf der Brücke* hängen hier (heute in der Hamburger Kunsthalle). ***In breakfast room a superb Munch, three women on a bridge over dark water, apparently a frequent motiv. Best Munch I have seen.*** Außerdem: Aquarelle, Graphiken und Zeichnungen von Otto Müller, Ernst-Ludwig Kirchner und Rolf Nesch (1893–1975), dem später vor allem durch seine im speziellen Druckverfahren erstellten Graphiken berühmt gewordenen und im Herbst 1933 bereits nach Oslo emigrierten Hamburger Maler und Freund Hudtwalckers. ***In bedroom a magnificent Otto Müller (man & woman), very Brückisch (...) Again downstairs Buntstiftzeichnungen of Nesch, some charming, others bloody. A woodcut of Kirchner, overcowded.*** Rosa Schapire ergeht sich in ***Schön, schön, schön.***

An dieser Stelle sei auf das Buch *Private Schätze* hingewiesen, in dem fast 170 private Kunstsammlungen bis 1933 in Hamburg vorgestellt sind. Eine erstaunliche Anzahl, auch im Hinblick auf die gängige Redensart von den unmusischen »Hamburger Pfeffersäcken«.

Im Weiteren werden Beckett noch die Sammlungen von Paul und Martina Rauert und Gustav und Luise Schieffler empfohlen. Beide besucht er jedoch nicht mehr. Emmi Ruben, die bedeutende Sammlerin, Förderin von Grimm und Kluth, kommt – eigenartigerweise – in Becketts Tagebuch nicht vor; obwohl ihre an Bildern reiche Wohnung sehr leicht für Beckett zu erreichen gewesen wäre, gleich um die Ecke von Hoppes Pension, in der Binderstraße 15.

Zu viert macht man sich auf den Rückweg, zwei Hunde voran, ein kleiner Disput über Ibsens *Peer Gynt*, Verabschiedung am Bahnhof Hochkamp, weiter mit Rosa Schapire bis zum Bahnhof Dammtor. Sie empfiehlt einen Besuch bei Willem Grimm im ***Ohlendorffpalais.***

Mit Ohlendorffpalais ist das Ohlendorffhaus an der Schwarzen Straße in Hamm gemeint. Ein staatlich gefördertes Künstlerhaus mit Ateliers und Wohnungen für zeitweilig sechzehn Künstler. (1933 noch zur Hälfte mit Mitgliedern der »Sezession« belegt.) Beckett trifft hier am 25. November Hans Martin Ruwoldt und Willem Grimm (hier bereits am 21/10 erwähnt).

Schnell ein heißes Bad – eine weitere Erkältung kündigt sich an, dann ***Kümmel & Bittbräu*** in einer Kneipe auf dem Weg zu Durrieus. Dort Tee. Der Hausherr legt – vielleicht in Vorbereitung auf den anschließenden gemeinsamen Besuch einer Vernissage in Gurlitts Kunstkabinett – Bilder von Haizmann und Hestermann vor. Doch Beckett ist nicht bei Laune, empfindet alles ***appalling*** und ***frightful*** und den ihm schon immer unsympathischen Hausherrn heute als ***Smirking snarl at every emission.*** (Siehe bereits 29/10.) Bei Gurlitt ist dann offenbar die gesamte Hamburger Szene zugegen.

Aus einem Brief des Galeristen an Friedrich Ahlers-Hestermann vom 7. September 1936 geht hervor, dass diese Ausstellung (zusammen mit Karl Kluth) bei ihm im Kunstkabinett – und also nicht, wie Beckett notiert, im Kunstverein – stattfand und außerdem zu welchen »Konditionen«: für eine Fahrkarte dritter Klasse Köln–Hamburg, Frachtkosten zu Lasten des Künstlers (obwohl bereits 1933 aus der Akademie entlassen, war Ahlers-Hestermann damals noch in Köln ansässig).

Hildebrand Gurlitt

Kluth visible, Hestermanns Bilder jedoch ***dreadful***, der Maler selbst ***a small frenchified old woman***, der das Paris-Kapitel aus seinen noch ***unpublished memoirs*** vorliest. ***All the usual Montparnase muck.*** Zwischendurch ***Stürmischer Beifall. All so naif & orthodox Bohemian. (...) How I hate the impeccable tedium of 1900 – 1910 Paris aesthetic.***
Im Anschluss gibt es Biskuits, man schwärmt. Immerhin mit Peter Dülberg wird sich Beckett dahingehend einig, dass Hestermann ***is nothing.*** Und das, obgleich ihm Dülbergs Bilder in der Ausstellung bei Lüders keineswegs gefallen hatten (siehe 16/11). Dülberg gibt Beckett Grüße an die Sinclairs in Kassel mit.

Friedrich Ahlers-Hestermann gehörte zu den Gründern der »Hamburgischen Sezession«. 1883 in Hamburg geboren, war er zunächst Schüler von Arthur Siebelist, später Student an der »Académie

Friedrich Ahlers-Hestermann

Matisse« in Paris. Hier lernte er die Malerin Alexandra Povorina aus Petersburg kennen, die später seine Frau wurde. Ihre Tochter Tatiana wurde ebenfalls Malerin. Hestermann war Maler und Schriftsteller, hielt Vorträge und Vorlesungen, lebte in Kassel, Köln und Berlin, und er war Mitglied der »Reichskulturkammer« – vielleicht, um »unauffällig« zu bleiben und möglichen Unannehmlichkeiten wegen der Abstammung seiner Frau vorzubeugen? Bei der Aktion »Entartete Kunst« wurden fünf seiner Arbeiten beschlagnahmt. Während des Krieges lebte er zeitweilig in Polen. 1946 wurde er Direktor der Hamburger Landeskunstschule, 1957 ehrte ihn seine Heimatstadt mit dem Edwin-Scharff-Preis. Er starb 1973 in Hamburg.

Seine 1936 noch unveröffentlichten ***memoirs***, aus denen er am Sonntag, den 22. November 1936 in Gurlitts Kunstkabinett vorlas, erschienen erst 1949 unter dem Titel *Pause vor dem Dritten Akt* im Gebr. Mann Verlag in Hamburg. Eugen Claassen vom Goverts

Verlag hatte ihm das Manuskript am 12. November 1936 per Einschreiben – ungelesen und mit der Entschuldigung, zur Zeit überlastet zu sein – zurückgeschickt.

Am Abend dieses langen, an Bildern überreichen Tages geht es noch einmal zurück in die Bundesstraße – ein ganzer Pulk von Leuten fährt in der Straßenbahn mit. Unter ihnen (wie hier am 12/11 erwähnt) wohl auch Fortuna Brulez-Mavromati. ***Cold supper. I am exhausted.*** Trotzdem folgt Beckett noch den lebhaften Diskussion über Malerei und Literatur – eine Pro-Nolde- und eine Pro-Schmidt-Rottluff-Fraktion stehen sich gegenüber, Willem Grimm wird verhandelt, außerdem über angeblich drei Perioden deutschen Lesestoffs nach dem Ersten Weltkrieg doziert. Irgendwann – alle anderen sind bereits fort und auch der ***smile-snarl*** hat sich verzogen – wechselt Margaritha das Thema, lässt den linken Busen aus dem brokatgeschmückten Mieder quellen – aber Beckett, erschöpft und krank, zieht sich lieber mit Werfels *Verdi* zurück auf sein Pensionszimmer.
Bloody Kopfzeichnung to-morrow at 4 1/4.

23/11 MONTAG

Der Montagssalon. Erich Hartmann.

Lunch in ***Fish & chips***, Kaffee in ***SS***, dabei Lektüre von *Tor und Tod* – ***Disappointed. The occasional verbal hinny, but the thought crass.*** Kurz zurück in die Pension, dann sitzt Beckett – mit nur einer Unterbrechung für Tee – bis um etwa sieben Uhr Modell in Margaritha Durrieus Montagssalon (hier bereits erwähnt am 29/10). Anwesend: ***a lot of virgin squaws*** – eine Reihe »höherer Töchter« Hamburgs

Kostümfest bei Margaritha Durrieu, Anfang 1927; sie mit Zylinder, rechts Erich Hartmann im Spitzenkleid

also – ***including a deaf mute, & Hartmann.*** Im Laufe des Nachmittags kommt Friedrich Ahlers-Hestermann dazu. Heute für Beckett ein selbstzufriedener ***Hahn im Korbe. The classic unimportant.*** Alle Zeichnungen – ***even Hartmann's*** – indiskutabel. ***No one began to discover me.***

Der Nachlass des Malers Erich Hartmann ist verstreut, die Suche nach einem Porträt von Samuel Beckett blieb ohne Erfolg. 1888 in Elberfeld geboren, nach dem Ersten Weltkrieg nach Hamburg verschlagen, trat Hartmann gleich 1919 der »Hamburgischen Sezession« bei. 1934 bezog er ein Atelier im Ohlendorffhaus. Nach 1933 galt er als »entartet«, 1937 wurden viele seiner Bilder beschlagnahmt, später vernichtet. Er lebte in ärmsten Verhältnissen, wurde im Zweiten Weltkrieg zum »Kulturluftschutz« eingezogen und organisierte die Auslagerung von Kunstschätzen in geeignete Quartiere im Hamburger Umland. 1946 erging der Ruf an die Hamburger Landeskunstschule, 1955 wurde er mit dem Edwin-Scharff-Preis geehrt. 1974 starb Erich Hartmann in Hamburg.

Zum anschließenden Dinner im Hause Durrieu erweitert sich die Runde, eine verwachsene Betty, Hartmanns Frau und Karl Kluth treffen ein, ***excellent bottle of 1913 (!) red Ischia*** und deutscher Rotwein vom vergangenen Jahr wird gereicht – ***Swill as much as I can get of both*** –, Beckett trinkt viel, jedoch ***without effect.*** Die Unterhaltung interessiert ihn wenig. Margaritha vergleicht Beckett mit Sauerlandt: ***Mein »schuldiger« Kopf.*** Erst als die Rede auf Rosenberg (als Hauptfeind der Kunst) und auf die Schließung des Kronprinzenpalais in Berlin kommt, hört Beckett wieder zu. Darüber hatte sich schon Rosa Schapire echauffiert. (Im Kronprinzenpalais war von 1919 bis 1937 die Moderne der Nationalgalerie untergebracht.) Zuletzt raucht er zwei der exzellenten Zigarren des Herrn Durrieu und verabredet sich mit Margaritha für den kommenden Tag: im Atelier einer der ***squaws.***

Da Samuel Beckett am 24. November Gretchen Wohlwill besucht, ist also sie gemeint. Also hat auch sie an der ***Bloody Kopfzeichnung*** teilgenommen, am 23. November 1936 Samuel Beckett in Margaritha Durrieus »Montagssalon« porträtiert.

Rückweg zur Pension mit Karl Kluth.

24/11 DIENSTAG

Gretchen Wohlwill. Maria Rümker.

Die letzten zehn Tage in Hamburg brechen an. Zum Bersten gefüllt. Eine kaum noch nachzuvollziehende Rastlosigkeit und Intensität. Einerseits hat Beckett sichtlich genug von dieser Stadt, den vielen Eindrücken und Begegnungen, andererseits möchte er noch so viel wie irgend möglich sehen und erleben – von hier mitnehmen; wobei er die sechs Maler der bereits seit drei Jahren aufgelösten »Hamburgischen Sezession« zunächst gewiss nicht allein aufgrund außerordentlicher persönlicher Sympathie oder besonderem Interesse an deren Werk in ihren Ateliers aufsucht, sondern weil sie für ihn wache Zeugen sind von Deutschland 1936 – dem Klima. Offen, sehr offen sprechen sie mit ihm über ihre Situation, ihre Verzweiflung, Hoffnungen. »Brüder im Geiste des Ausgestoßenseins« – und ihm wohl insofern alle nah.

Mit Margaritha Durrieu per Hochbahn – ***from Stephansplatz, via Kellinghusenstr. to Sierichstr.*** – zu Gretchen Wohlwills Atelier (auch Wohnung) in der Flemingstraße 3. ***Intelligent (Jewess).***
»Ihrem Antrag auf Aufnahme in die Reichskammer der bildenden Kunst kann nicht stattgegeben werden, da Sie als nicht Arier nicht zuverlässig sind, und nicht geeignet, deutsches Kulturgut zu verwalten. Ich verbiete Ihnen die berufliche Ausübung der Malerei u. der Graphik.«
So, also wortwörtlich, steht das an Gretchen Wohlwill ergangene Malverbot in Samuel Becketts Tagebuch.
She may sell only to Jews. Etc. etc. Ein Gespräch ohne Rückhalt, an diesem Nachmittag, in diesem Atelier, in dem vieles – typisch für Beckett wie für Margaritha und

Gretchen Wohlwill

wohl auch für die Gastgeberin – in Witze verpackt auf den Tisch kommt. ***Nice story of servant & milkman …*** folgt im Tagebuch auf das Malverbot. Eine bissige Anekdote über Juden, Arier und die ***Rasseschande.***

Selbstverständlich geht es auch um Gretchen Wohlwills Bilder. Sie zeigt ***pleasant watercolours of Lisbon*** und von dem Schiff ***in which she cruised etc.*** Außerdem Arbeiten ihres um dreiundzwanzig Jahre jüngeren Malerfreundes Eduard Bargheer, den Beckett durch Peter Lüders bereits kennen lernte.

Gretchen Wohlwill war die »Mutter« der »Hamburgischen Sezession«, bis 1933 beteiligte sie sich an den jährlichen Ausstellungen. Sie stammte aus einer alteingesessenen jüdischen Hamburger Familie, die sich vom Glauben abgewandt und in die Geburtsscheine ihrer Kinder »konfessionslos« hatte eintragen lassen. Gretchen wurde 1878 geboren, besuchte Kunstschulen in Hamburg und Paris, legte 1909 ihr Examen als Zeichenlehrerin in Berlin ab und unterrichtete anschließend Kunsterziehung an der Emilie-Wüstenfeld-Mädchenschule in Hamburg. Eine Verlobung löste sie auf, ein guter Freund fiel im Ersten Weltkrieg. Viele Studienreisen durch ganz Europa unternahm sie zusammen mit Eduard Bargheer – per Schiff oder Motorrad. Seit ihrer Entlassung aus dem Schuldienst im Sommer 1933 wohnte und arbeitete sie zeitweilig in einem Holzhaus neben dessen Atelierkate auf Finkenwerder. Ihr Wandbild in der Schule wurde von Ary Bergen mit NS-Figuren übermalt. 1940 – in letzter Minute – emigrierte sie über Italien nach Portugal und kam dort zunächst im Haus eines ihrer Brüder, Friedrich Wohlwill, ehemals Pathologe am Hamburger Universitätskrankenhaus Eppendorf, unter. Jahre des völligen Rückzugs aus der Öffentlichkeit – und Verarmung – gingen diesem Schritt voraus. 1952 kehrte Gretchen Wohlwill nach Hamburg zurück, erhielt von der Kulturbehorde eine Wohnung in den gerade erbauten Grindelhochhäusern und arbeitete bis zu ihrem Tod 1962 als freischaffende Malerin.

In ihren *Lebenserinnerungen,* die die »Gesellschaft der Bücherfreunde« in Hamburg 1984 posthum herausgab, berichtet die Künstlerin auch von Margaritha Durrieus »Montagssalon«. Demnach saß hier – abgesehen von Persönlichkeiten wie Max Sauerlandt – auch die Frau des damaligen britischen Vizekonsuls, Winfred Mansel Powell, für Porträtzeichnungen Modell.

Ihn, Powell, sucht Beckett – ein Gang durch die Institutionen wegen des Empfehlungsschreibens für Zutritt in Magazine – noch drei Tage vor seiner Abreise aus Hamburg im britischen Konsulat

auf (damals in der Alsterterrasse, also in unmittelbarer Näher der Akademischen Auslandstelle), geschickt von Roland Adolphi. (Hier bereits erwähnt am 12/10, Weiteres dazu am 1/12.)
Gretchen Wohlwill traf das Ehepaar Powell später in den Emigrantenkreisen Lissabons wieder – und befreundete sich mit ihm.
Eines ihrer von Beckett erwähnten Aquarelle des Schiffs – laut ihren *Lebenserinnerungen* die »Tancred« der Wilhelmsenlinie –, auf dem sie im Sommer 1936 von Lissabon nach Barcelona durchs Mittelmeer kreuzte, ist erhalten geblieben und hängt heute bei ihren Erben.

Erst kurz vor sieben ist Beckett wieder in der Pension. ***Hasty shower & change.*** Nach dem Abendessen steht noch die ***Kleine Hausmusik*** bei Rümkers in der Hagedornstraße an. Eigentlich zu viel: ***No Lust to go to Rümker.***

Laut Hamburger Adressbuch wohnte hier eine Zeit lang auch Gretchen Wohlwills anderer Bruder, Dr. Heinrich Wohlwill, Direktor der Norddeutschen Affinerie, der in Theresienstadt umkam.

Wieder ein Hamburger Salon. Hier wird allerdings weniger mit Bildern, denn mit Porzellan »Hof gehalten« – Dr. Maria Rümkers Leidenschaft. Außer auf sie und ihren Mann, Oberlandesgerichtsrat Dr. Paul Rümker, trifft Beckett bei seinem ersten Besuch die ***Usual Pension group*** und – damit nicht genug – einen Japaner, einen Spanier, ein Ehepaar aus New Jersey und eine ***Altonaerin***, die – ***in a Danziger Goldwasser soprano*** – Wolf und Wagner singt. Beckett erbittet sich Lieder wie ***Waldeinsamkeit, Feldeinsamkeit***, vergebens. Im anschließenden Gespräch ergeht die Empfehlung, auf seiner weiteren Reise keinesfalls Augsburg, Bamberg, Regensburg und Aschaffenburg auszulassen, den Geburtsort Matthias Grünewalds.

Ein Stück des Rückwegs zusammen mit ***Soprano*** – auch ein irgendwie verpfuschtes Leben, die Ambition, große Wagner-Sängerin zu werden, aufgesteckt. Vor dem Einschlafen weiter in Werfels *Verdi* – ***100 year old fritti well described.***
Am 1. Dezember kehrt Beckett noch einmal in die Hagedornstraße zurück. Einer seine hastigen Abschiedsbesuche während der letzten Hamburger Tage. Frau Rümker allein, wieder geht es um Porzellan, ***Meissener Porzellan (crossed swords)***, um Sammlungen in Dresden – sie selbst stammte von dort (geboren 1883) –, chinesische Malerei, ihren Vater ***& his renowned collection of orchids and painting of every variety …*** Beckett scheint den Ruf gehabt zu haben, an wirklich allem interessiert zu sein.

Und wer weiß, ob er nicht tatsächlich einen ihrer gut gemeinten Ratschläge aufgriff? Immerhin drei Wochen hält er sich im Frühjahr 1937 in Dresden auf, besucht den Zwinger und andere Sammlungen, lernt Persönlichkeiten wie Will Grohmann und Ida Bienert kennen. Am 12. Februar 1937 belegt das Tagebuch einen Ausflug nach Meißen, die Besichtigung des Doms, der Porzellanmanufaktur – und den Erwerb einer Puderdose.

25/11 MITTWOCH

Karl Kluth. Willem Grimm. Hans Martin Ruwoldt.

Gleich morgens und wieder mit Margaritha – und einer Flasche Rum – ins Atelier von Karl Kluth, Mittelweg 115 A, nur wenige Minuten von der Schlüterstraße entfernt. Beckett sieht sich um, attestiert einen starken Munch-Einfluss, eine ziemlich »kräftige« Malerei, die ihn nicht be-

Karl Kluth

sonders interessiert. Aber ***Competent (...) Couple of good Frauenakts*** [sic] ***(...) Gegensatz of natural & human.*** Außerdem: ***A pretty Schülerin there.***

Tatsächlich hatte Kluth nach der Verleihung des Lichtwark-Preises – an ihn und Hans Henny Jahnn 1928 – einige Zeit bei dem fünfunddreißig Jahre älteren Edvard Munch in Norwegen verbracht, eine wohl außerordentliche Geste dieses als menschenscheu geltenden und zurückgezogen lebenden Malers.
Karl Kluth wurde 1898 in Halle geboren und kam 1922 – nach Fronteinsatz in Frankreich und Studium in Karlsruhe – nach Hamburg. Auf seine Initiative und die einiger Kollegen – wie Bollmann und

Hartmann – vergab die »Senatskommission für Kunstpflege« nach 1925 einige Aufträge zur Unterstützung Hamburger Künstler, darunter auch Ausgestaltungen etlicher Neubauten von Fritz Schumacher. 1931 wurde Kluth Mitglied der »Hamburgischen Sezession«, galt rasch als einer der frechsten und unangepasstesten Künstler, der vor nichts zurückschreckte, um die neuen Machthaber zu düpieren, was ihm zahlreiche Unannehmlichkeiten, sogar einen kleinen Prozess einbrachte; im Wesentlichen wegen seiner Bilder *Wegespuren II* und *Akt auf rotem Sofa* wurde die zwölfte »Sezessions-Ausstellung« im März 1933 geschlossen (hier bereits erwähnt am 30/10). Ab 1932 war Kluth als Obmann im Ohlendorffhaus angestellt, was ihm zwar finanzielle Erleichterung und ein Atelier einbrachte, andererseits aber zwischen die Fronten der »angepassten« Künstler und der Sezessionisten geraten ließ. Denunziationen und Repressalien waren die Folge. Mehrfach drangen SA und SS in die Ateliers ein, die Künstler wurden eingeschüchtert und wegen ihrer Malweise zur Rechenschaft gezogen. 1937 ging Kluth nach Kiel, wo es 1939 aufgrund seiner Bühnenbilder für eine *Wilhelm-Tell*-Inszenierung des Regisseurs Kurt Eggers-Kestner zu einem »Kulturbolschewismus«-Eklat kam. Eggers-Kestner verlor seinen Posten und wurde mit KZ bedroht. Kluth erhielt Malverbot, viele seiner Bilder wurden in der Aktion »Entartete Kunst« 1937 beschlagnahmt und zerstört. Als das Ohlendorffhaus im Juli 1943 in Flammen aufging, verbrannte auch sein Gesamtwerk fast vollständig. 1940 wurde er erneut zum Kriegsdienst eingezogen und kehrte erst 1949 aus russischer Gefangenschaft nach Hamburg zurück. 1952 erhielt er eine Professur an der Hochschule für bildende Künste, fünf Jahre später den Edwin-Scharff-Preis. Nach dem Tod seiner ersten Frau heiratete er Anfang der sechziger Jahre seine Schülerin Vera Becker, ein Sohn wurde geboren. 1972 starb Karl Kluth in Hamburg.

Gives me address of Schauspieler in München, that I forget. Think name was Eggers.

Beckett vergisst die Adresse nicht, besucht den Schauspieler und Regisseur Eggers-Kestner während seines Aufenthalts in München im März 1937 sogar mehrfach. (Dazu hier mehr am 26/11.)

Außer den Frauenakten sieht Beckett in Karl Kluths Atelier am Mittelweg ein Bild ***young man striding out of bath. (…)***, ein weiteres, ***heroic young man*** mit gekreuzten Armen, ***And Italien mixing water & wine, etc. (…) I say his landscape is as though there were no eyes left in the world.*** Wieder einer dieser Beckett'schen Sätze, die etliche Deutungen zulassen.

Das zuerst erwähnte Werk, *Warmeriville II (Männerbad),* ein großes Ölbild von 1918, wurde gerettet und befindet sich heute im Atelier von Kluths Frau Vera in Rellingen bei Hamburg. Sie konnte sich an die Äußerung ihres Mannes erinnern, dass Samuel Beckett ihn einmal besucht habe – und sie sich angeschwiegen hätten. Auch Becketts Schilderung nach ist es in Kluths Atelier nicht gerade wortreich zugegangen. Ganz anders als bei den drei Malerkollegen, die er in den nächsten Tagen aufsucht.
Das Bild *Wasser und Wein* ist verschollen, der »Kulturskandal«, *Akt auf rotem Sofa,* gehört heute der Hamburger Kunsthalle.

Beckett bringt Margaritha nach Hause, ***lunch at SS***, dann mit der Straßenbahn-Linie 16 hinaus zu Willem Grimm ins Ohlendorffhaus, Schwarze Straße 1, Stadtteil Hamm. Das Entree verdankt er Rosa Schapire.
Ein herzlicher Empfang! Auch der Bildhauer Hans Martin Ruwoldt ist zur Begrüßung des irischen Gastes aus seinem Atelier herübergekommen.
Grimm's painting most interesting I have yet seen, of Hamburg group. Eine Serie der ***Rummelpott***-Bilder. Ein Motiv, das den Maler schon in seinem Frühwerk beschäftigt –

Ohlendorffhaus, Schwarze Straße 1 in Hamm, Gartenseite

und nie mehr verlässt. ***Problem of chord of masked & non-masked.*** Vergleiche mit Toulouse-Lautrec, der Munchs Einfluss hier, Becketts Meinung nach, absorbiert.

Willem Grimm wurde 1904 in Darmstadt geboren, ließ sich in Offenbach bei Rudolf Koch zum Gebrauchsgraphiker ausbilden, interessierte sich auch für Fotografie, lernte weiter in München und kam 1924 über Worpswede nach Hamburg. Auf Empfehlung Rosa Schapires lernte er Karl Schmidt-Rottluff in Berlin kennen, hielt sich Ende der zwanziger Jahre mehrfach in Paris auf, unternahm Reisen durch ganz Europa und Schiffsreisen nach New York und Westindien. Zusammen mit Emmi Ruben (hier bereits erwähnt am 22/11) und anderen Kunstförderern in Hamburg gründete Rosa Schapire eine »Grimm-Gesellschaft« zur Unterstützung des Künstlers. 1929 trat er der »Hamburgischen Sezession« bei, bezog 1933 ein Atelier im Ohlendorffhaus, stellte jedoch aufgrund staatlicher Repression in den Jahren 1937 bis 1939 seine Arbeit völlig ein und

Willem Grimm

betätigte sich in der Landwirtschaft, verstärkt interessiert an Anthroposophie (angeregt durch etliche seiner Malerkollegen). Im Frühjahr 1937 heiratete er Käthe Franck – was er Beckett offenbar mitteilte (Beckett erwähnt in seinem Brief an Günter Albrecht vom 31. März 1937 aus München Grimms Hochzeit). Zwei Kinder kamen zur Welt.
Während der Aktion »Entartete Kunst« wurden sechs von Grimms Arbeiten beschlagnahmt, im Zweiten Weltkrieg wurde er zur Wehrmacht eingezogen, bei der Zerstörung seines letzten Ateliers in der Isestraße im Sommer 1943 verbrannte sein gesamtes Frühwerk fast vollständig. Ab 1946 war Grimm Professor an der Landeskunstschule, 1959 erhielt er den Edwin-Scharff-Preis. 1963 heiratete er Margret Tiemann, eine Schülerin, 1967 hielt er sich als Ehrengast in

Hans Martin Ruwoldt

der Villa Massimo auf. Anfang der siebziger Jahre druckte er in der Werkstatt des Typographen Richard von Sichowsky am Lerchenfeld selbst noch großformatige, mehrfarbige Holzschnitte – Fasnacht, Maskenzüge, Rummelpottfiguren hin und wieder unterstützt von ihm freundschaftlich zugetanen Studentinnen. Willem Grimm starb 1986 in Hamburg.

Gretchen Wohlwill arrives with biscuits. Man trinkt Kaffee und unterhält sich, es geht um keltische Buchmalerei, von der sich sowohl Grimm als auch Ruwoldt offenbar stark inspiriert fühlen, wenngleich deren Realismus selbstverständlich ***is no longer possible.*** Und wieder geht es auch um Berlin, um das 1930 eröffnete Tell-Halaf-Museum (eine stillgelegte Maschinenfabrik, in der Max Freiherr von Oppenheim seine Privatsammlung vorderasiatischer Altertümer für die Öffentlichkeit zugänglich machte – 1943 zerstört), **das Kaiser-Friedrich-Museum und auch das Kronprinzenpalais. Das Erdgeschoss sei nach wie vor geöffnet, nur der erste Stock *»Heute geschlossen«*. Ruwoldt, gerade zurück aus Berlin, weiß Bescheid.**

Hans Martin Ruwoldt (1891–1969) stammte aus St. Margarethen, wuchs in Rostock auf und absolvierte in Hamburg eine Bildhauerausbildung an der Kunstgewerbeschule. Im Ersten Weltkrieg kam er als Soldat nach Frankreich, erst 1920 kehrte er aus der Gefangenschaft zurück, ließ sich als freischaffender Künstler in Hamburg nieder und wurde 1928 Mitglied der »Hamburgischen Sezession«. Er heiratete Annemarie Leisewitz, eine Tochter wurde geboren. 1932 bezog Ruwoldt ein Atelier im Ohlendorffhaus und beteiligte sich 1936 mit zwei Arbeiten an der anlässlich der Olympiade in Berlin gezeigten Kunstausstellung. Ein Torso von ihm wurde in der Aktion »Entartete Kunst« beschlagnahmt. Dennoch versuchten die Nationalsozialisten immer wieder, ihn zu vereinnahmen. So auch, als sie ihn mit der Umgestaltung des *Ehrenmals* auf dem Platz vor dem Hamburger Rathaus betrauten (siehe hier bereits 21/10). Wie Kluth wurde auch Ruwoldt im Zweiten Weltkrieg erneut eingezogen, 1943 allerdings wegen eines Beinleidens freigestellt. Nach langen Diskussionen wegen seiner »Vergangenheit« erhielt Ruwoldt 1955 eine Professur an der Landeskunstschule und wurde im selben Jahr mit dem Edwin-Scharff-Preis geehrt. 1969 übereignete er den Großteil seines Gesamtwerks dem Museum für Kunst und Gewerbe in Hamburg, zwei Monate später vernichtete ein Feuer sein Atelier in dem ehemaligen Bauernhaus an der Baron-Voght-Straße in Klein Flottbek. Noch im selben Jahr verstarb er.

In »Sommer's Eck«; Hugo Sommer und seine Frau, sitzend in der ersten Reihe; unter den Gästen die Mahler Karl Kluth (links unten), Willem Grimm (rechts unter der Vase), Karl Ballmer (vor dem Schrank)

Hans Martin Ruwoldts Atelier im Ohlendorffhaus wird anschließend nicht mehr besucht, stattdessen ziehen Grimm und Beckett wohlgelaunt in ***»Sommer's Eck«***, Hugo Sommers Kneipe am Bahnhof Landwehr, berühmt berüchtigter Treffpunkt der Hamburger Malerclique. Von der Schwarzen Straße aus ein Fußweg von etwa zehn Minuten. ***Pleasant local.*** Karl Ballmer und seine Frau, Katharina van Cleef, sind auch schon da. ***Swiss, very quiet, with philosophical inclinations.*** Karl Ballmer ist Anthroposoph »durch und durch«.

Ein Abend in einer Kneipe unter Künstlern. Lautstarke Diskussionen, diverse ***Rumgrogs (…) Eisbrecher & then Bier-Kümmel as fast as we can knock*** [th]em ***back***, dazu eine Goebbels-Rede aus dem Radio: Deutsch-Japanisches Abkommen gegen den Kommunismus – und im ersten Stock liegt der Wirt mit verdorbenem Magen danieder.

Im Nachlass des Malers Paul Bollmann – den Beckett fünf Tage später beim Richtfest der Ballmers in Glinde trifft – stieß dessen Sohn, Peter Bollmann (hier bereits erwähnt am 5/10, siehe auch 29/11), auf ein Gruppenfoto, aufgenommen in Hugo Sommers Gaststube; und zwar anlässlich »Hannchen's Konfirmation« (der zweiten Tochter der Wirtsleute) am 31. März 1936 – wie das Täfelchen zu Füßen der festlich Gekleideten zeigt. Hinter und neben den Familienmitgliedern sitzen oder stehen viele der Hamburger Maler – Kluth, Ballmer und Bollmann mit ihren Frauen – und auch einige ihrer Förderer. Hugo Sommer, ein ehemaliger Seemann, wusste mit allen umzugehen.
Auch »Hannchen« konnte noch ausfindig gemacht und im Frühjahr 2005 besucht werden. An ihrer Wohnzimmerwand ein frühes

»Sommer's Eck«; Frau Sommer und ein Kellner

Bild von Willem Grimm. Ein Fluss, Schiffe, ein Steg. Ein Bild, das der Maler dem hübschen jungen Mädchen Ende der dreißiger Jahre – wohl nicht ganz ohne Absichten – schenkte.

Irgendwann gehen die Ballmers. ***Arrange to visit his Atelier to-morrow at 10 1/4.*** Grimm – ***»ich bin neugierig um Sie«*** – und Beckett trinken weiter, bis auch Grimm sich trollt. ***The verbummelt type that I like.*** Beckett bleibt sitzen, eine Dame setzt sich zu ihm. ***I am drunk. She very sober. She goes.*** Er folgt ihr langsam, nimmt die Straßenbahn zum ***A. H. Platz*** und schleppt sich – mit Zwischenstopp für Käse und Kaffee im Dammtor-Bahnhof – nach Hause. ***Appallingly tired.***

In der Pension warten zwei Nachrichten auf ihn: Frau Sauerlandt lässt für den nächsten Tag bitten, ebenso Margaritha Durrieu.

I have too much on hand, die letzte Eintragung heute.

Grimms Frau Margret erinnerte sich an Schilderungen ihres Mannes von dessen Begegnungen mit Samuel Beckett 1936: freundschaftliche schöne Zusammentreffen mit viel Alkohol. Also hat auch er – wie Kluth – später registriert und nicht vergessen, wer damals bei ihm war. Eines der Bilder aus den ***Rummelpott series (masked children at Xmas),*** die Beckett in Grimms Atelier sieht, eine kleine Eitempera, ist erhalten geblieben und befindet sich heute in der Hamburger Kunsthalle.

»Rummelpott« meint einen Usus zu Silvester, nach dem verkleidete Kinder von Tür zu Tür ziehen und sich für das Gedicht »Rummel, rummel, rusch …« etwas zum »Snopen«, zum Naschen, erbetteln – vom Weihnachtsfest übrig gebliebene Süßigkeiten. Dazu wurde früher mit Stöcken auf mit Schweinsblasen bespannte Töpfe getrommelt. »Rummeln« bedeutet »Lärm machen« und soll den Winter vertreiben.

26/11 DONNERSTAG

Karl Ballmer. Kopf in Rot. Eduard Bargheer.

Zu Karl Ballmer mit der ***Vorortbahn to Landwehr.*** An »Sommer's Eck« vorbei ein kleiner Spaziergang zur Lübecker Straße 35. ***Feeling bloody.*** Außer dem Maler anwesend: dessen ***Frau Judin*** [sic] ***& huge Siamese cat.***

Der Hinweis auf die Katze ist insofern amüsant, als Ballmer sich auf einem Foto – einem der wenigen, die es aus der Zeit noch gibt – zu einer Katze herunterbeugt. (Aufgenommen von dem Pressefotografen Joseph Schorer für einen Artikel »Stippvisite in Künstlers Werkstatt«, 1932.) Eine große Geste, ein winziges Tier – Ballmer war 1,81 Meter lang. Und aus Korrespondenzen Ballmers mit dem »Verband Nordwestdeutscher Pelztierzüchter« geht hervor, dass er sich mit Katzenzucht nebenbei Geld verdiente.

He is Swiss, like Klee in der Schweiz aufgewachsen. Wieder wird »der Schweizer« betont. Und dessen Bilder? ***Transparent figures before landscapes, street (…),*** nach der Stadt, die in Sauerlandts Buch abgebildet ist, sucht der Gast vergebens. (*Stadt im März*, gemalt 1932, heute in der Hamburger Kunsthalle.) ***Wonderful red Frauenkopf, skull earth sea & sky.*** Beckett zieht Parallelen zu Leibniz' ***Monadologie*** und ***my Vulture (Der Geier),*** eines von seinen Gedichten. Nie würde er darauf kommen, diese Malerei als abstrakt zu bezeichnen. ***A metaphysical concrete …***

Ballmers *Kopf in Rot,* entstanden 1930/1931, ist eines seiner bedeutendsten Bilder. Heute befindet es sich – wie der größte Teil seines Werkes – im Aargauer Kunsthaus in Aarau.

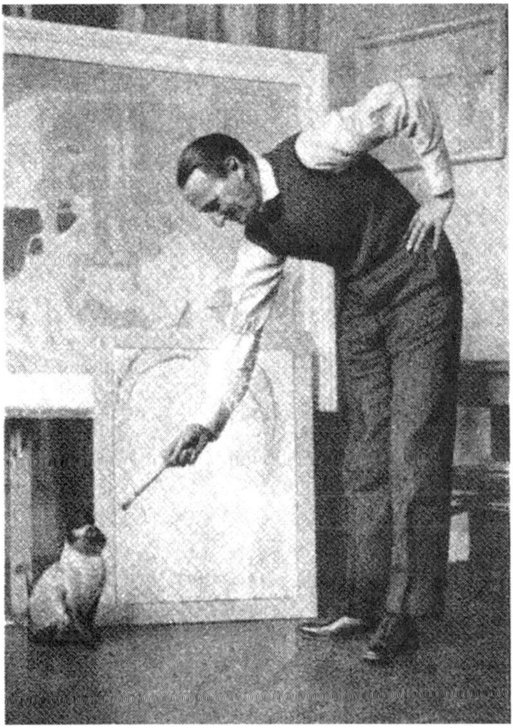

Karl Ballmer in seinem Hamburger Atelier Lübecker Straße 35,
Anfang der dreißiger Jahre

Der Geier
zerrt seinen Hunger durch den Himmel
meiner Hirnschale voll Himmel und Erde

im Sturzflug auf die bäuchlings Liegenden
die so bald zum Leben aufstehn und wandeln müssen

von einem Zellgeweb verhöhnt das taugen mag
wenn Hunger Erd und Himmel Aas geworden

Welch ungewöhnliche Stille in Ballmers Bildern. Der Maler erläutert seine Anknüpfung an die Tradition der Renaissance. Zu Sauerlandts Thesen über sein Werk mag er sich nicht äußern – ***Painter looking at pictures, with no itch for a word.***

Erst zwei Tage später stößt Beckett bei seiner sporadischen Sauerlandt-Lektüre auf die Ballmer-Passage – und ist enttäuscht; ***… strikes me as Quatsch.*** (27/11)
In seinem Essay *Die Welt und die Hose* heißt es: *»Wenn Sauerlandt sich feinsinnig und – seien wir gerecht – sparsam über den großen Maler Ballmer äußert, wohin trifft das?* Das geht mich nicht an, *sagte Ballmer, der unter den Schriften des* Herr Heidegger *aufs grausamste litt.«* Womit auf Ballmers Streitschrift *Aber Herr Heidegger!* angespielt wird, die Beckett – ebenso wie Ballmers *Deutschtum und Christentum* – im April 1937 von Kurt Eggers-Kestner in München geliehen bekommt (siehe dazu Empfehlung von Kluth am Vortag) und in seinem Brief vom 30. März 1937 an Günter Albrecht erwähnt: *»… but too Steinerisch for the non-initiate.«*

Ballmer klärt den Iren auf, über seine Situation und damit über die Gesamtsituation vieler Kunstschaffender in Deutschland 1936. Er könne nicht einmal mehr bei Gurlitt ausstellen – ***but says it does not matter*** –, habe überhaupt seit der »Sezessions-Ausstellung« 1933 nicht mehr ausgestellt, ***broken up by authorities, library seized, etc.*** Die Namen aller an der letzten »Sezessions-Ausstellung« beteiligten Künstler gehen ins Tagebuch ein.

Ballmer trat 1932 der »Sezession« bei, verließ sie jedoch kurz vor deren Selbstauflösung im Mai 1933 wieder, in großer Sorge vor der Politisierung seiner Kunst. Wie aus einem 1935/1936 geführten

Briefwechsel zwischen ihm und Gerhard Langmaack, dem damaligen »Landesleiter Hamburg« der »Reichskulturkammer«, hervorgeht, wurde Ballmer zeitweilig sogar deren Mitglied – Nichtmitglieder hatten Ausstellungsverbot. Auch für ihn, den Ausländer, galt also das »Reichskulturkammergesetz«. Im Februar 1936 füllte der Maler nach zunächst heftigem Widerstand den Aufnahmebogen aus, reichte fünf seiner Arbeiten zur »Prüfung« ein – und unterschrieb sämtliche Korrespondenz mit »Heil Hitler!«. Kurz vor Becketts Besuch trat er jedoch wieder aus. Mit dem Datum vom 9. Juni 1937 erreichte ihn in seinem Haus in Glinde, vor den Toren Hamburgs, per Einschreiben das Berufsverbot.
Mit ***library*** meint Ballmer die Bibliothek der »Anthroposophischen Gesellschaft«. Sie wurde nach dem allgemeinen Verbot der Gesellschaft am 16. November 1935 geschlossen, Rudolf Steiners Bücher auf den Index gesetzt.

Außer den Bildern sind in Ballmers Atelier eine kleine Skulptur, ***Grimm's Kopf***, und Porträts seiner Frau, Katharina van Cleef, zu sehen. Ballmer schwärmt von einer Zukunft auf dem Lande, von einem kleinen Haus in Glinde, das er gerade umbauen lässt und in das er mit seiner Frau zu ziehen gedenkt, um in unberührter Natur, in der Nähe des Waldes, ungestört malen und philosophieren zu können. ***Architect arrives. Tea & cakes.*** Gegen zwölf verlässt Beckett das Atelier – und wird eingeladen wiederzukommen.

Den Architekten trifft Beckett vier Tage später wieder – in Glinde, auf dem Richtfest des besagten kleinen Hauses. Sein Name konnte auch in den alten Bauplänen nicht mehr gefunden werden.
Karl Ballmer wurde 1891 in Aarau geboren, studierte in Basel und München, begegnete 1917 Rudolf Steiner und beteiligte sich mit an der Ausgestaltung des ersten Goetheanums in Dornach. Er war

gleichermaßen Maler wie Schriftsteller, hielt Vorträge über Kunst und Anthroposophie und veröffentlichte philosophisch-kritische Schriften, später zum Teil unter dem Pseudonym Heinrich Tanner. Im Streit verließ er Dornach, kam 1922 nach Hamburg und zog zunächst in die Schlüterstraße – damals gab es die Pension Hoppe, ein paar Häuser weiter, noch nicht – und später in die Lübecker Straße 35. Hier gab er von 1928 bis 1929 – trotz großer wirtschaftlicher Not – die *Rudolf-Steiner-Blätter* heraus, erwarb dafür notwendiges Material und Gerät auf Raten, korrespondierte mit Redakteuren großer Zeitungen und Bibliotheken in Deutschland und der Schweiz, um auf seine *Blätter* und die darin veröffentlichten Aufsätze aufmerksam zu machen. Und erntete fast nur Absagen. Über eine Agentur kaufte er sich Adressen katholischer Geistlicher in Deutschland, wollte auch mit den Gegnern der Anthroposophie ins Gespräch kommen, sie nicht im Kreise von Sektierern als Schöngeisterei ohne Wirklichkeitsbezug betreiben. Ballmer wollte die Welt verändern.

Schon vor Beitritt in die »Hamburgische Sezession« 1932 stellte er als deren Gast aus, Max Sauerlandt förderte ihn. 1937 wurden in der Aktion »Entartete Kunst« neun seiner Arbeiten im Museum für Kunst und Gewerbe beschlagnahmt und zwei Jahre später verbrannt.

Am 5. November 1936 – also während Becketts Aufenthalt in Hamburg – heirateten Karl Ballmer und Katharina van Cleef in Hamburg (sie hatten sich bereits in Dornach kennen gelernt), Ende März zogen sie nach Glinde. Am 16. September 1938 verließen sie Deutschland für immer. »Emigration ins Vaterland«, nannte Ballmer selbst diesen Schritt. Bereits am 8. September 1938 war sein Pass, ausgestellt vom schweizerischen Konsulat in Hamburg, abgelaufen. Nach Zwischenstationen in Basel zogen die Ballmers 1941 weiter nach Lamone bei Lugano, lebten dort – Ballmer bis zu seinem Tod – mehr und mehr isoliert. 1940 unterstützten sie zwei aus Hamburg »Versprengte«, in französischen Lagern Internierte – Arnold Fiedler und Maria Wenz – mit Geld, in den Hunger-

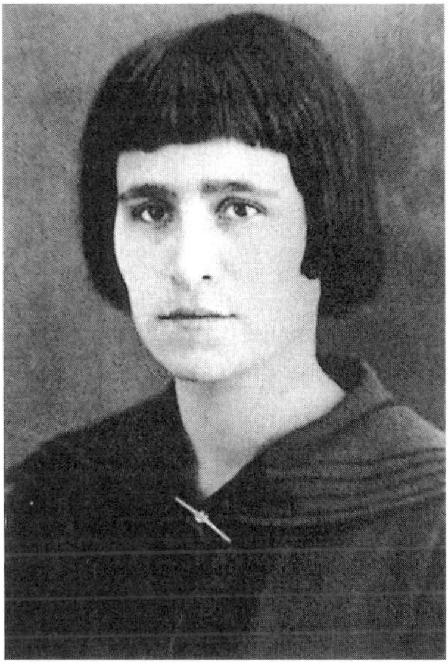

Katharina van Cleef

jahren nach dem Krieg Hamburger Freunde, wie auch die Sauerlandts, mit Lebensmitteln. Ballmer kehrte nie mehr nach Hamburg zurück, trat jedoch der hier 1947 neu gegründeten »Sezession« bei. 1958 starb er.

Katharina van Cleef war zunächst Chemikerin, ihre Vorfahren waren Juden aus Emden. Sie hatte drei Schwestern. Ihr Vater garantierte seinen vier Töchtern ein Erbe unter der Bedingung, dass sie einen Juden zum Mann nähmen. Vielleicht eine Erklärung dafür, warum Karl Ballmer und Katharina van Cleef erst so spät heirateten – erst nach dem Tod ihres Vaters – und von welchem Geld sie am 30. Juli 1936 das Haus von Emma Elisabeth Kosen in Glinde kaufen konnten.

1956 erhielten die Ballmers nach eigenen Aussagen »einige Tausend Mark« Wiedergutmachung für Katharinas »Reichsfluchtsteuer« und wegen seines Berufsverbots, »weil ich mit einer Jüdin verheiratet war«. Aus ihrer »Wiedergutmachungsakte« geht hervor,

dass Ballmer ab 1933 zwar tatsächlich keine Ausstellung mehr bei Gurlitt hatte, dennoch »unter dem Ladentisch« verkauft wurde – Jahresumsatz etwa 10 000 Reichsmark. Vielleicht eine Erklärung für das Beckett gegenüber geäußerte ***it does not matter***?
Bei dem Schauspieler und Regisseur Kurt Eggers-Kestner (1892–1967), von dem Beckett die oben genannten Ballmer-Schriften zu lesen bekam, verbringt Beckett sogar mehrere Münchner Abende. Reger Austausch über Film und Theater, vor allem über James Joyce. Eggers hatte 1934/1935 Ernst Barlachs *Der blaue Boll* und *Die echten Sedemunds* am Stadttheater Altona zu Erstaufführungen gebracht. In seiner Wohnung sieht Beckett auch Bilder von Kluth und ein schönes Porträt der beiden Eggers-Töchter von Ballmer.
Dieses Bild wurde jetzt bei Eggers' Enkelin in einem kleinen Ort in Bayern »neu entdeckt«. Fast schon vergessen – an der Wand im Nähzimmer. Ein Aquarell, 64 x 48 Zentimeter, kaschiert auf eine Holzplatte. Zwei kantige Gesichter, typisch für Ballmers Stil Mitte der dreißiger Jahre. Im Herbst 2006 wird es – in einer Ausstellung anlässlich des hundertsten Geburtstags von Samuel Beckett in Hamburg – zum ersten Mal öffentlich gezeigt.

Und weiter an diesem – an Bildern und Menschen – wieder einmal übervollen Tag. Karl Ballmer und seine Bilder machen ja nur den Anfang. Anschließend der zweite Besuch im Haus von Alice Sauerlandt in der Loogestraße (hier bereits erwähnt am 21/11), von dort zu Eduard Bargheer ins Alligatorhaus am Jungfernstieg. Margaritha kommt dazu. Gegen vier Uhr treffen sie ein.
Small, taut, choleric, ruddy, graceful, traces of homo discernable. Die komplexe Beschreibung eines Menschen in Kurzfassung.
Gerade einmal wieder aus Italien zurück, lässt Eduard Bargheer an diesem grauen Novembernachmittag 1936 im Alligatorhaus in Hamburg sein geliebtes Land vor Samuel

Eduard Bargheer

Beckett »auferstehen« – dessen Farben, dessen Licht: Orvieto, Perugia, Genua, Florenz. Nicht zuletzt Ravenna. Aquarelle, Vorarbeiten für eine geplante Serie Lithographien.
Dann wechselt er das Thema: große Ölbilder, norddeutsche Sujets. Eine bleifarbene Elblandschaft, eine ***Regatta***, ***Konstruktion zu einer Figur am Fenster (...) Entwurf for Wandbild in a school*** (Wandbild für die Siedlungsschule in Langenhorn) ***Moorlandscape being converted into arable, works Lebengross ...*** Ein intensives Gespräch zwischen diesem vor Temperament überschäumenden und im nächsten Augenblick wieder in großer Ruhe agierenden Maler und Samuel Beckett. Pollaiuolo und Titian werden gestreift, Cuno Amiet, einer der Lehrer Ballmers, verspottet, Frau Durrieus ***drawing parties*** mit leidenschaftlicher Stimme als unzumutbar erklärt – ***needs 2 hours to recover from them.*** Also ein Rundumschlag.
Beckett ist von der künstlerischen Kraft Bargheers fas-

ziniert – ***his painting of enormous competence & earnestness ...*** –, der Maler selbst hingegen wie auch dessen Bilder sind nicht unbedingt seine Sache: ***... yet he & his painting say nothing to me. It is the bull of painting by the horns. Prefer the stillness & the unsaid of Grimm & Ballmer.***

»Bargheer ist außerordentlich stark und intelligent & anatomisch. Pollaiuolo, den ich erwähnte, analysierte er mit bewundernswerter Genauigkeit und Sensibilität«, schreibt Beckett drei Tage später an seinen Freund Thomas MacGreevy in Dublin (28. November 1936).

Eduard Bargheer wurde 1901 auf Finkenwerder geboren und verbrachte die meiste Zeit seines Lebens in Italien. Schon 1939 erwarb er ein Haus in Forio auf Ischia. Zunächst besuchte er die Kunstschule Gerda Koppel in Hamburg, war Schüler von Ahlers-Hestermann und Harry Reuss-Löwenstein, Ende der zwanziger Jahre bezog er eine Kate auf dem Ness in Finkenwerder (die wegen der Erweiterung der Flugwerft 1939 abgerissen wurde), Mitte der dreißiger ein Fischerhaus am Elbhang in Blankenese. Mehrere Stipendien erlaubten ihm Auslandsaufenthalte und Reisen, die er zum Teil mit seiner Mentorin und Förderin Gretchen Wohlwill unternahm. Überhaupt scheint es Bargheer in den Jahren der Weltwirtschaftskrise besser gegangen zu sein als vielen seiner Hamburger Malerkollegen. Auf ein angebotenes Atelier im Ohlendorffhaus verzichtete er, hielt sich stattdessen 1932/1933 zu Studien in Paris auf und bezog später das geräumigere Atelier am Jungfernstieg. Er besuchte Paul Klee und Werner Gilles in Italien, wurde 1929 Mitglied der »Hamburgischen Sezession«, war bekannt mit dem Bürgermeister Krogmann und unterhielt gute Verbindungen zu dem damaligen Leiter der Hamburger Kunsthalle, Wilhelm von Kleinschmit-Lengefeld. Dennoch klagte er (auch Beckett gegenüber) über Schwierigkeiten mit Behörden, Kontrollen und Bedrohungen, denen er und seine Bilder ausgesetzt waren – in der Aktion »Entartete Kunst« wurden dann

tatsächlich etliche beschlagnahmt. 1940 übersiedelte Bargheer mit Genehmigung des Wehrmeldeamts nach Ischia, wurde mit der Rekonstruktion der Medici-Gräber in Florenz beauftragt (was ihn im Sommer 1942 vor der Einberufung bewahrte) und fungierte später als Dolmetscher für die Kriegsmarine in La Spezia. Nach dem Krieg folgten mehrere Lehrtätigkeiten in Hamburg, Rom und Berlin. Sein Hauptwohnsitz jedoch blieb Forio, wo er Künstler und Intellektuelle um sich scharte. Zu seinen guten Freunden gehörten auch Marion Gräfin Dönhoff, ihre Schwester Yvonne (die ebenfalls in Forio lebte) und der Schauspieler Will Quadflieg. Mit ihm unternahm Bargheer in den sechziger Jahren eine Reise nach Tunis. Die letzten Lebensjahre vergingen in seinem Haus Rutsch 2, am Elbhang in Blankenese, wo er eine Stiftung für junge Künstler ins Leben rief. Hier verstarb Eduard Bargheer 1979.
In seinem Nachlass befinden sich auch zwei der von Beckett beschriebenen Bilder, *Konstruktion einer Figur am Fenster* und Studien zu dem Wandbild *Landgewinnung*.

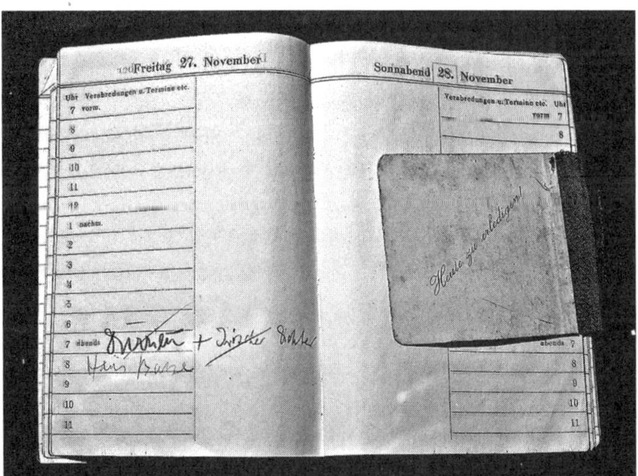

Notizkalender von Eduard Bargheer 1936

Eduard Bargheer als Pozzo in seiner eigenen Inszenierung von *Warten auf Godot*, Ischia 1970

Seine Nachlassverwalter fanden in Bargheers Notizkalender von 1936 (in dem Namen wie Paul Klee oder wichtige Ereignisse wie »Besuch der Olympiade« eingetragen sind) unter dem Datum 26. November: »Durrieu + Irischer Dichter«.
Bargheer »erinnerte« sich an Beckett auf seine Art, inszenierte 1970 in Forio *Warten auf Godot*, spielte selbst den Pozzo, entwarf Kostüme und Plakat.

Der heutige Abend – ***Dull evening*** – vergeht in der Bundesstraße, mit Komplimenten von Margaritha Durrieu, ***»so fein u. geistlich!«*** sehe er, Beckett, aus, ***but mouth trivial! In 10 years it have quite quite changed. I say Hoffentlich.***

27–28/11 FREITAG, SAMSTAG

Hin und Her.

Zwei unruhige, »unnütze« Tage. Viel Hin und Her. Einkauf eines Adressbuchs und noch einmal die Überlegung, ob nicht doch noch etwas mit Ilse Lynn Schneider zu machen sei. Aber vergebens! Sie liege zu Bett ***with inflamed face***, wird der »zu Drängende« von einem Dienstmädchen an der Haustür abgewiesen. ***Ich freue mich. Why do I not know a bitch at first sight.*** Ein gekränkter Liebhaber, eine heftige Reaktion. Aber immerhin, den ausgeliehenen Werfel gibt er zurück.
Statt Ilse eine Kneipentour mit Claudia – ***Patzenhofer, Fletenkieker, Alte Börse, Dammtor*** –, wieder ein Gespräch über *Tor und Tod*, ihr übliches Gerede über seine Gedichte in ***the Bones***, Grog hier und Grog da, ***Pastete*** und ***Brühe***, zwischendurch an sich selbst die Frage, ob ***a poem about Paternoster, Heraclitus etc.*** Und Claudia meint es wirklich gut – ***If I am ever in straits ...*** Er erwägt, sich Geld von ihr zu leihen.
Lektüre von Sauerlandt und Tiedtke, der Brief eines Freundes aus Dublin mit der Bitte, ihm Keyserlings *Reisetagebuch eines Philosophen* zu besorgen, erreicht Hamburg. Aber auch Keyserling ist inzwischen ***banned.*** Günter Albrecht gibt eine Wegbeschreibung nach Horn, in der Pension ein kochendes Bad. Nach dem Supper wird Frau Hoppe vertraulich: ***The Schön entlobt & she (Frau H.) living apart from the Hinterpommer. Not a word!*** Man plant eine kleine Abschiedsfeier für den Gast, Herr Hoppe äußert die Hoffnung, ihn Weihnachten wieder bei sich zu sehen.

Thalia-Theater

Leitartikel des *Hamburger Fremdenblatts*: »Festtagung der Reichskulturkammer. Die Kunst ist an das Volk herangeführt worden.« Fünf Spalten um ein Foto des Präsidenten, Dr. Joseph Goebbels.

29/11 SONNTAG

Erster Advent. Thalia Theater. Die Albrechts in Horn.

Beckett fühlt sich immer schlechter, Daumen und Mittelfinger sind entzündet, aufzustehen fällt ihm schwer. Dennoch nach dem Lunch in der ***Fischbratküche*** eine Nachmittagsvorstellung im Thalia-Theater – auf Einladung von Margaritha Durrieu: *Der Unentbehrliche* von Martin Rabe wird gespielt – ***Leave before end.***

Der Unentbehrliche von Martin Rabe (Pseudonym des Baurats Tüngel), eine Uraufführung, inszeniert von Helmut Kraus, gelobt in allen Hamburger Zeitungen.
Das Thalia-Theater am Alstertor ist das einzige Theater, das Samuel Beckett in Hamburg aufsucht. Überraschend, wo mit seinem Namen die Assoziation Literatur und Theater verbunden ist. Doch 1936 in Deutschland galt sein Interesse, vornehmlich in Hamburg, anderem – der bildenden Kunst.

Mit der Straßenbahn-Linie 31 geht es hinaus nach Horn. An der ***Schurzallee*** steigt Beckett aus. ***Tremble in snow waiting for Albrecht.*** Nach einem Fußweg von knapp zehn Minuten erreichen sie die Wohnung im »Kinderreichenblock« Horner Stieg. Ein trister, hufeisenförmig angelegter Backsteinbau mit vier Stockwerken. Hier wohnt Günter

Der Wohnblock Horner Stieg; die Wohnung der Familie Albrecht lag im zweiten Stock, links

Albrecht mit seinen Eltern und fünf Geschwistern – eine Schwester ist zwei Jahre zuvor gestorben. ***Tiny room all from his own hand. Talented youth.***

Auf einem Foto des Wohnzimmers der Albrecht'schen Wohnung sitzen Vater und Mutter bei Lampenlicht am Esstisch, die Vorhänge sind zugezogen, die Mutter liest in einem Buch. An der Wand hinter den beiden, in kleinen Rahmen, sind Reproduktionen von Runge-Bildern zu sehen. Sein eigenes Zimmer – so Klaus Albrecht (hier bereits mehrfach erwähnt) – habe sein Bruder Günter mit Zeichnungen von Barlach und Kolbe und eigenen Zeichnungen geschmückt.

Es gibt Wurst und Käse – wahrscheinlich am Wohnzimmertisch –, die Mutter kommt mit ***youngest Klaus*** – vielleicht auf ihrem Arm? Klaus wurde 1933 geboren. Die drei

Die Eltern von Günter Albrecht am Wohnzimmertisch

anderen Brüder, die Schwester und der Vater bleiben im Hintergrund.

Der anschließende Besuch bei einem Malerfreund Günters – zunächst in dessen Wohnung, wo ein weiterer Freund, ***a child painter***, dazukommt, später im Ohlendorffhaus – geht schief. Beckett fühlt sich unwohl in diesem Atelier, in dem es zwar, wie auch bei Ballmer, eine Siamkatze gibt, sonst aber nur Plakatentwürfe für die Hapag. Außerdem wird nichts zu trinken angeboten. ***Rise & go.***

Dennoch kommt Beckett in seinem Brief an Günter Albrecht vom 31. Dezember 1936 aus Berlin auf die Begegnung zurück und bittet darum, *»den Maler und seinen Freund, deren Namen ich nie richtig vernommen habe«*, zu grüßen. Bis heute ist unklar, wer die beiden waren. Laut Tagebuch lag die Wohnung des einen direkt gegenüber dem Ohlendorffhaus, wo sich – nach Auskunft von Peter Bollmann – ein SA-Heim befand. In dem umfangreichen Briefwechsel zwischen Günter Albrecht und Axel Kaun wird mehrfach ein – offenbar sehr erfolgreicher – Maler »Gynne« erwähnt.

Mit der Linie 16 zurück zum Dammtor. ***Beer. Home.*** Insgesamt fühlt Beckett sich miserabel, der fest gefasste Entschluss, am kommenden Freitag abzureisen, macht ihm zu schaffen. Andererseits empfindet er seine Zeit in Hamburg als ganz eindeutig abgelaufen.
Letzte Eintragungen heute einige Sätze von Albrecht über die Kunst und das Leben, ***And that the Braunschweig Spiesser the worst in the world.***

Jedoch nicht nur Spießern begegnet Beckett hier – Braunschweig samt Wolfenbüttel Abstecher auf seinem Weg nach Berlin –, im Herzog-Anton-Ulrich-Museum stößt er auf das für ihn so entscheidende Bild Giorgiones (hier bereits erwähnt am 2/11) und verbringt viele Stunden davor.
Noch zweimal sehen Samuel Beckett und Günter Albrecht sich in Hamburg wieder, jeweils nur kurz in der Buchhandlung, im Januar noch einmal in Berlin. Ihr »Gespräch« setzten sie auf andere Weise fort – in Briefen und Postkarten; wobei niemand weiß, wie viele Briefe Günter Albrecht an Samuel Beckett geschrieben hat. Dessen Briefe an ihn liegen nun vor. Verwahrt in einer »Wehrmachtskiste« (mit Büchern, fast eintausend Familienbriefen und »letzten Dingen«) im Keller am Horner Stieg, überstanden sie »Gomorrha«, die Nacht vom 27. auf den 28. Juli 1943, in der etwa siebenhundert britische Bomber Hamburg anflogen, über zweitausend Tonnen Spreng- und Brandbomben gerade die Stadtteile Hamm, Horn und deren nähere Umgebung trafen und mehr als 35 000 Menschen in nur wenigen Stunden den Tod fanden.
Hans Erich Nossack schildert dieses Ereignis – das er selbst, wie er schreibt, als »Zuschauer« erlebte – in *Der Untergang*:

»Die meisten wußten gar nicht, als sie aus ihrem brennenden Haus ins Freie liefen, daß die ganze Stadt brannte. Sie glaubten, es wäre nur ihre Straße oder höchstens ihr Stadtteil, und das war vielleicht ihre Rettung. Für mich ging die Stadt als ein Ganzes unter, und meine Gefahr bestand darin, schauend und wissend durch Erleiden des Gesamtschicksals überwältigt zu werden.«

Günters Brüder, Hellmut und Rolf Albrecht, damals 18 und 21 Jahre alt, hatten in jener Nacht zusammen mit anderen noch vergeblich versucht, den Wohnblock zu löschen und waren am nächsten Morgen zum Rest der Familie geflohen – bereits nach Hagenow evakuiert. Von dort ging es weiter nach Passau. Rolf musste zurück an die Front. Im August gelang es Hellmut, noch einmal nach Hamburg zu kommen, mit Hilfe von Feuerwehrleuten in den verschütteten Keller zu gelangen, die zwar von Plünderern aufgebrochene, aber ob ihres Inhalts für wertlos erachtete »Wehrmachtskiste« zu bergen und zum Hauptbahnhof zu schaffen. Auf den Hinweis, es handele sich um Erinnerungsstücke an den gefallenen Bruder, wurde die Kiste tatsächlich befördert – eine alte Wehrmachtskiste voller »wertloser« Bücher und Briefe durch ein zerbombtes Deutschland von Hamburg nach Passau.

Paul Meyer, ein Freund Günter Albrechts und Axel Kauns in Berlin, den Beckett dann zusammen mit Kaun im Januar 1937 mehrfach trifft, schrieb der Familie Albrecht zum Ende des Jahres 1941 – In dem Günter Albrecht fünfundzwanzigjährig in Russland gefallen war – einen Brief. Darin heißt es: »Er (Günter) sprach mit seiner unbestechlichen und glühenden Unbedingtheit von der Notwendigkeit, daß diese Zeit erst durchgestanden werden müsse, bevor wir an einer echten und einfachen bauen dürfen.« (27. Dezember 1941) Die letzte Erinnerung an einen jungen Mann vor seinem Aufbruch an die Ostfront.

30/11 MONTAG

Ein Richtfest in Glinde. Ein Ringkampf in der »Flora«. Paul Bollmann.

Eine Reihe von Anrufen. Absprachen für die letzten Tage. Frau Rümker und Margaritha Durrieu wollen Beckett vor seiner Abreise unbedingt noch einmal sehen – auch Helene Fera lässt bitten.
Heute jedoch der Ausflug zu Ballmers Richtfest nach Glinde. Hastig davon – ***No time for lunch*** –, im Dammtor-Bahnhof-Restaurant bekommt Irma Tiedtke ***her thesis*** zurück und den *Proust* geschenkt, dann mit der Vorortbahn zum Berliner Tor. Hier wartet Willem Grimm mit ***Alice in Wonderland.*** Jedoch – »der verbummelte Typ« hat sich im Fahrplan geirrt, der Bus fährt erst in einer Stunde, die Herren vertreiben sich die Zeit bei ***Kümmel beer*** in einer Kneipe. ***Then bus to Glinde, chiefly a milk farm, with cottages.***

Glinde. Mit damals fünfhundert Einwohnern eigentlich nur ein Gutshof für Milchwirtschaft mit einer Bushaltestelle, dem Gasthof Eggers und wenigen Häusern. Mit dem Bus der Verkehrsbetriebe des Kreises Stormarn (ab Billstedt auf holprigen Straßen) vom Berliner Tor aus in etwa fünfzig Minuten erreichbar. In den wenigen Monaten, die die Ballmers hier verbrachten, verdreifachte sich die Einwohnerzahl, die Firma Krupp errichtete im Auftrag des Luftfahrtministeriums ein Kurbelwellenwerk und Siedlungen für Arbeiter. Glinde, sehr rasch also kein idyllischer Ort im Grünen mehr, in dem der Maler und seine Frau die NS-Zeit unbehelligt zu überdauern gehofft hatten. Und bis vor kurzem hatte man hier vergessen, wer einmal Besitzer des Hauses an der Dorfstraße war (heute Sandweg 8).

Nach Ballmers Rückkehr in die Schweiz 1938 mietete zunächst ein anderer Maler, Waldemar Coste, das Haus, während der großen Wohnungsnot kamen zeitgleich zahlreiche Menschen darin unter. Ab Dezember 1945 logierte Tisa von der Schulenburg (Schwester des 1944 hingerichteten Widerstandskämpfers Fritz-Dietlof Graf von der Schulenburg, Wohlfahrtspflegerin in einem englischen Militärdepot, später Ordensfrau) ein paar Monate im Wohnwagen auf dem Grundstück. »Ein Krösus in meinem Wagen«, wie sie in ihren *Erinnerungen* schreibt.

Erst Mitte der fünfziger Jahre verkaufte Ballmer das Haus von der Schweiz aus an die Eltern der jetzigen Besitzerin. Seitdem wurde es mehrfach umgebaut.

In einem der ersten Briefe, die Ballmer nach dem Krieg an Alice Sauerlandt schrieb, heißt es: »... wir sind seit dem Herbst 41 in Lamone, das ist fünf Kilometer nördlich von Lugano (...) Wir haben uns hier ein Häuschen mit Atelier gebaut, so ein Klein-Glinde, oder ›Glindinella‹, wie ich vor zwei Wochen ans Gartentürchen schrieb ...« (6. Dezember 1947)

Und sechs Jahre später heißt es an dieselbe Empfängerin (vielleicht eine Antwort auf Alice Sauerlandts Zeilen vom 10. Juni 1953 zu seinem Bild – hier erwähnt am 21/11): »Ich bin – relativ zu Hamburg – irgendwie gestorben, es kommt mir ein wenig so vor, als sei ich in einem früheren Leben einmal in Hamburg gewesen. Aber glauben Sie nur nicht, dass ich etwa verschweizert sei.« (19. 12. 1953)

Eine von Ballmers ungezählten Schriften heißt: *Stammen die Deutschen von den Schweizern ab?* Eine andere: *Christus auf dem Fußballplatz.* Berichten von Freunden zufolge verbrachte der Maler manche Stunden auf dem Dach seines Hauses in Lamone, um Spieler auf dem nahe gelegenen Fußballplatz anzufeuern.

Als Beckett und Grimm – ***Alice in Wonderland*** war in Hamburg geblieben – endlich in Glinde eintreffen, ist das eigentliche Richtfest längst gefeiert, die Baustelle – ***Splendid***

Atelier being prepared – verlassen und die fröhliche Gesellschaft – ***Ballmer, his architect, Ruwoldt, Bollmann, the mayor*** (Carl Fritz Diesing), ***6 workmen & the foreman*** – in die ***Wirtschaft*** gezogen. Den Nachzüglern wird ***a magnificent soup & sausages*** serviert, ***Half hearted drinking, Kümmel & beer.*** Nach und nach verziehen sich die ***Prolatarian (...), till only the painters, the architect, the sculptor & the Tintenkuli left.*** (Siehe hier 5/11.) Man trinkt weiter. Irgendwann kommt die Idee auf, nicht nur gemeinsam nach Hamburg zurückzufahren, sondern auch noch in der ***»Flora«*** an der Sternschanze einem Ringkampf zuzusehen. ***(Bollman has a season ticket!)***

Bollmanns Sohn wusste um dieses Interesse seines Vaters, um die Faszination, im Kampf verschlungener Leiber für das Auge des Malers. Aber auch dessen Freude am Spiel überhaupt war ihm in lebhafter Erinnerung. So habe der Vater mit seinen Kindern gern den »Doppelten Nelson« geübt, einen Ringergriff.
Die »Flora«, das 1855 als »Tivoli am Schulterblatt« eröffnete Vorstadttheater, lockte zunächst mit Freiballon-Aufstiegen, Feuerwerk und Varieté, ging während der Weltwirtschaftskrise Konkurs und startete nach der Wiedereröffnung auf weniger anspruchsvollem Niveau. Ab Mitte der dreißiger Jahre wurden hier Ringkämpfe geboten. Nach heftigen Auseinandersetzungen zwischen Stadtplanern und autonomen Gruppen ist das inzwischen verkommene Gebäude »Alte Flora« heute Zentrum für Stadtteilinitiativen.

Die Zeit bis zum Beginn der Vorstellung vertreibt sich die fröhliche Gesellschaft mit weiteren Gläsern Bier. Dann: ***Boring show, sweating struggling masses,*** Ruwoldt, Grimm und Bollmann jedoch sind begeistert. Im Anschluss trinkt Beckett noch ***2 Eisbrechers & pay for the lot.*** Dann trennt man sich. Mit dem Architekten und Bollmann zurück bis

»Flora« am Schulterblatt, Hamburg-Sternschanze

zum Dammtor. Bei guter Stimmung eine herzliche Verabschiedung, spontan lädt Bollmann Beckett zu sich ein, ***in his studio or school where he teaches somewhere near Mundsburg.***
Beckett versäumt, sich sämtliche Adressen zu notieren, rechnet aber damit, dass seine Briefe wohl ankommen werden, wenn er sie an das Ohlendorffhaus schickt. ***Shall certainly keep in touch with Grimm & Ballmer, and try & come back by Hamburg & see more of them then.*** Jedoch keinen von ihnen hat Samuel Beckett je wieder gesehen.

Die vage Adressenangabe bezüglich Bollmann traf zu. Der Maler unterrichtete damals an der Hansischen Hochschule am Lerchenfeld und besaß außerdem ein Atelier in der Birkenau (beide in der Nähe

Paul Bollmann

des U-Bahnhofs Mundsburg). Hier – wie auch in seinem zweiten Atelier im Ohlendorffhaus – verbrannte bei den Angriffen 1943 sein künstlerisches Werk fast vollständig.

Paul Bollmann, 1944 in Hannover geboren, wurde mit 22 Jahren – eine so genannte »frühe Begabung« – Meisterschüler von Adolf Hölzel, auf Empfehlung Alfred Lichtwarks bis 1912 Stipendiat der Stuttgarter Akademie bei Carlos Grethe. Anschließend ließ er sich freischaffend in Hamburg nieder, befreundete sich mit allen Sezessionisten, feierte mit ihnen die Künstlerfeste, wurde jedoch kein Mitglied der »Sezession«. Im Ersten Weltkrieg war Bollmann Soldat. Wie Grimm und Ballmer beschäftigte er sich intensiv mit Anthroposophie, 1926 heiratete er in zweiter Ehe Gertrud Grosse, zwei Kinder wurden geboren.

Trotz wirtschaftlicher Not – 1930 nahm Bollmann unter anderem die Stelle des Betriebsleiters in einem Kino an – gelang es ihm immer wieder, Reisen durch Europa zu unternehmen. 1932 bezog er das Atelier im Ohlendorffhaus, 1934 übernahm er die Malklasse an der Hansischen Hochschule. In der Aktion »Entartete Kunst« wurden zwei seiner Werke beschlagnahmt und zerstört. Die Sommerferien 1943/1944 verbrachte Paul Bollmann in Überlingen am Bodensee, wo in der Glasschleiferei Heberle fünf Fenster für die Hamburger Petrikirche nach seinen Entwürfen gefertigt wurden. Auf ungeklärte Weise kam er im August 1944 bei Ludwigshaven am Bodensee ums Leben.
Ein *Selbstbildnis,* entstanden 1943/1944 in der Hochschule am Lerchenfeld, befindet sich heute in der Hamburger Kunsthalle. Ein Bild in düsteren Farben – Bollmanns bis dahin geschaffenes Werk war fast vollständig vernichtet. Skizzen davon wie auch Zeichnungen und Aquarelle aus der Zeit am Bodensee und noch weitere nachgelassene Bilder befinden sich heute im Besitz seines Sohnes, Peter Bollmann, in Pinneberg.

1/12 DIENSTAG

Geld. Britisches Konsulat. Zum letzten Mal Claudia Asher.

Advice from Bank that Betrag has arrived. Von den eingetroffenen ***500 RM*** werden dreihundert abgehoben und eine Anweisung erteilt, alle nachfolgenden Beträge an das ***Central Office*** in Berlin weiterzuleiten. Anschließend ***Gemüseplat (excellent) in SS.***
Den Vormittag jedoch verbringt Beckett zwischen Klopstockstraße (Auslandstelle) und Alsterterrasse (britisches Konsulat) – ***Foul inefficient hole, Powell like a cyanised***

Welsh rat **–, um endlich die schriftliche Erlaubnis zu bekommen, weitere »verbotene« Bilder in den Magazinen deutscher Sammlungen sehen zu können.** (Hier bereits erwähnt am 12/10 und 24/11.)

Einmal wieder ist Margaritha Durrieu für ihn aktiv gewesen. Wegen des ungewöhnlichen Wunsches dieses »Mr. Becket« aus Dublin gehen ein paar Briefe zwischen Auslandstelle, Kunsthalle, Kultur- und Schulbehörde hin und her.

Roland Adolphi am 26. November 1936 an »Herrn Regierungsdirektor Dr. Freiherr von Kleinschmit« in der Kunsthalle:

»... Der Irländer Mr. Samuel Becket, der sich zurzeit kurz in Hamburg aufhält, bittet im Interesse seiner Studien, die er betreibt, darum, Zugang zu erhalten zu den Werken der Kunsthalle und des Museums für Kunst und Gewerbe, die zurzeit in der Regel nicht gezeigt werden (...) Ich habe Mr. Becket antworten lassen, daß der Zugang zu diesen Bildern und anderen Werken, da sie vermutlich verpackt sind, schon rein aus technischen Gründen nicht ganz einfach sein dürfte, daß ich aber seine Bitte Ihnen zur Entscheidung vorlegen würde. Heil Hitler!«

Die Antwort, zwei Tage später, von der Kultur- und Schulbehörde an Adolphi lautete:

»... Die Besichtigung von Staatsbetrieben durch Ausländer soll nach Anweisung des Senats nur erfolgen, wenn sich die Ausländer der diplomatischen Vertretung ihres Landes bedient haben. (...) Da Herr Becket jedoch gerade die nichtausgestellten Werke der Kunsthalle und des Museums für Kunst und Gewerbe zu sehen wünscht, und auch weiter anzunehmen ist, daß er sich über den inneren Betrieb dieser beiden Anstalten unterrichten möchte, so wird gebeten, Herrn Becket auf die diplomatische Vertretung seines Landes hinzuweisen. Heil Hitler!«

(Beide Briefe aus den Akten der Hamburger Kunsthalle)

Am folgenden Tag wird das gewünschte Papier dann tatsächlich – vom britischen Generalkonsul Tilliter persönlich – in Empfang genommen. ***Call & get it, when too late to use.*** (2/12)
Nachmittags bei Maria Rümker (hier bereits erwähnt am 24/11), von dort mit der Linie 18 zum Dammtor. Ein letztes Gespräch mit Claudia Asher, ein letzter Bummel mit ihr durch Hamburgs Kneipen – ***Condi***, Neuer Jungfernstieg, im ***Halali***, Große Bleichen, ***2 poor Bacardis & a bottle of most excellent Forster Langenmorgen Riesling, 1931, No 54, 4.80.*** Spät in der Nacht bringt Beckett sie mit dem Taxi nach Hause ***(2 Polizeistunde in Halali).*** Ihr Abschiedsgeschenk: eine Box mit fünf Zigarren. Sie sehen sich nie wieder.

2–3/12 MITTWOCH, DONNERSTAG

Abschiednehmen. Ein Schlips und ein Pullover.

Mit sechs Nelken, gekauft im Blumengeschäft am Dammtor-Bahnhof, zum letzten Mal zu Margaritha Durrieu. Sie badet Becketts entzündeten Finger in Kamillentee, legt einen Verband an, dann gesellt sich ein Herr Greven vom *Tageblatt* dazu. ***The bibliophile type.*** Die drei nehmen sich Zeit füreinander. Austausch über Literatur des 18. Jahrhunderts – Greven übersetzt aus dem Englischen. Spanisch spricht er angeblich auch, erlernt von einem Hamburger Schuster, der ein paar Monate in Barcelona verbracht hat. Greven verrät, wo man den verbotenen Keyserling noch erwerben kann – ***without difficulty bei Glogau, Bleichenbrücke (ask for Kramer)*** – und schenkt dem irischen Gast ein hübsches Couplet: ***»Als Gottes Atem leiser ging, Schuf er den Grafen Keyserling.«*** Nicht ohne Margaritha Durrieus

Bitten, über all das Schweigen zu bewahren. (Hier bereits erwähnt am 25/10.)

Heute im *Hamburger Fremdenblatt*: »Erklärung der Familie Nobel: Zum Zwecke der Bekanntgabe an die deutsche Öffentlichkeit erklären wir hierdurch, daß wir Nachkommen und Mitglieder der Familie Nobel auf die Zuteilung des von unserem verewigten Onkel Alfred Nobel gestifteten Nobelpreises keinen Einfluß besitzen, auch keinem für die Zuteilung des Preises gebildeten Komitee angehören. Wir mißbilligen nach unserer Einstellung die Zuteilung des Friedens-Nobel-Preises für 1935 an den von deutschen Gerichten wegen Landesverrates rechtskräftig verurteilten Karl von Ossietzky auf das schärfste und sind der Auffassung, daß diese Zuteilung sich mit den Absichten des Stifters, einen Preis für Männer auszusetzen, die sich um den Frieden in der Welt verdient gemacht haben, nicht vereinigen läßt. Stockholm, den 29. November 1936. Hilmar Nobel, Ingeborg Ridderstolpe, geb. Nobel, Ludwig Nobel.«

Am Donnerstagmorgen die letzte Bücherbestellung bei Saucke – Windelbands *Geschichte der Philosophie* und Huizingas *Holland* –, das letzte Mal Geld von einer Hamburger Bank ***(204)***, dann in die Bellevue. Auch hier machen sechs Nelken den Abschied, und auch Helene Fera nimmt sich noch einmal Zeit für diesen, trotz ihrer vielen Kontakte vielleicht auch für sie ungewöhnlichen Gast. ***Lunch alone with Fera. Bordeaux.*** Viele Tage in Hamburg sind seit seinem letzten Besuch hier vergangen – heute erscheint sie ihm zwar immer noch ***charming, but I should say ill.*** Sie erzählt eine lange Geschichte über ihre Schwester ***(married to a Nazi parson, now Bishop of Hamburg)*** und deren sonderbare Konvertierung in Köln, und er bemerkt das Bild eines griechischen Malers – ***picture of a child, very Spanish, in drawing room ...***

Bischof von Hamburg – ab 1934 stellten ihn die »Deutschen Christen« – war damals Franz Tügel, Bruder des Malers, Dichters und Schauspielers Tetjus Tügel (1892–1973), eine der schillerndsten Figuren der »Hamburgischen Sezession«.
Die Schwester Helene Feras, Adelheid, konvertierte nach einem Besuch des Kölner Doms zum Katholizismus, was – bei dem hohen Amt ihres Mannes – ein Skandal in der Hamburger Gesellschaft war. Nach dem Tod ihres Mannes versagte man ihr jeglichen Rentenanspruch.
Bei dem ***Greek painter*** handelt es sich wahrscheinlich um Nikolaus Gysis (1842–1901), den bedeutendsten griechischen Maler des 19. Jahrhunderts. Seine Zeichnung, die Beckett bei seinem letzten Besuch im Salon von Helene Fera bemerkte, hängt heute im Wohnzimmer einer ihrer Enkelinnen. Ohne zu wissen, worum es sich dabei handelt, hatte sie diese aus dem Nachlass der Großmutter an sich genommen. Wie auch das Gästebuch, in das sich Beckett an diesem 3. Dezember 1936 mit *»Samuel Beckett, Dublin«* eintrug. (Hier bereits erwähnt am 25/10.)

Nachmittags: ein letztes Mal mit dem Alsterdampfer hinüber zum Jungfernstieg, zu Fuß in die Bergstraße in Sauckes Buchhandlung. ***Pay (30 RM odd) & farewells.*** Die letzten Bücher werden bezahlt (und direkt nach Dublin geschickt). Anschließend der letzte Kaffee in *SS*.
Am Abend das kleine Fest in der Pension: Beckett überreicht Herrn Hoppe ***25 cigars zu 25 & Frau H. 6 Nelken.*** Nelken, Becketts Art, sich bei den Damen Hamburgs zu verabschieden.
In fröhlicher Runde – auch Martion ist zugegen – tauscht man noch so manches aus. Frau Hoppe deutet Becketts Charakter als eine Mischung aus ***Widder & Venus***; was er ***teilweise*** akzeptiert. ***Make an unappreciated epigram. Ich weiß ungefähr was ich tue, was ich bin weiß ich gar nicht.***

Zwei Flaschen faden Rheinpfalz-Weins werden getrunken – zwischen ungezählten anderen. Frau Hoppe schenkt Beckett einen Schlips in zurückhaltendem Blau-Weiß, statt eines Pullovers, den sie zwar wunderschön findet, von dem ihr Herr Hoppe jedoch abriet, überzeugt, dass Beckett ihn niemals tragen werde.

4/12 FREITAG

Up at 7. Zwei Mark für Emmy, das Hausmädchen, eine Mark für die Kinder. Dann mit dem Taxi zum Dammtor. ***Train at 8.47. In Lüneburg a little before 10.***

Dammtor-Bahnhof

Aufmacher des *Hamburger Fremdenblatts* am 4. Dezember 1936: »Schädlinge des Volkes ausgebürgert. Aberkennung der Staatsbürgerschaft« – unter den neununddreißig Namen: Thomas Mann. Beckett erfährt davon erst durch Axel Kaun, am 11. Januar 1937 in Berlin. An Günter Albrecht schreibt er am 31. Dezember 1936: *»Ich lese sehr wenig, vor allen Dingen keine Zeitungen. Ich habe den ›Grünen Heinrich‹ begonnen …«* Dieser Brief beginnt mit den Zeilen: *»Es ist einsam gewesen seit ich fort von Hamburg bin, aber auf so eine freundliche Weise, daß es mir nicht einmal eingefallen ist, nach dem zu suchen, was man ›Anschluß‹ nennt. Freilich denke ich öfter an diejenigen in Hamburg, die einem Fremden und Unbekannten so viele Freundlichkeit erwiesen haben …«*

EINE BEMERKUNG UND ZWEI ZITATE ZUM SCHLUSS

Man kann sich fragen, wann Beckett jeweils seine Notizen machte, unterwegs in den Straßen, am Kneipentisch oder abends – als eine Art täglicher Rückschau – in seinem Zimmer in der Pension. Manches ist in der Vergangenheit, manches im Präsens geschrieben. Und die Briefe? Getippt auf einer »deutschen« Schreibmaschine? Jedenfalls mit einer Tastatur, in der es die Umlaute ä, ö, ü gab. Wie auch immer – ein rastloses Schreiben.

Zitat 1

Hans Erich Nossack: »Tagebücher? Ja, jetzt fällt mir ein, daß sie gar nicht mehr da sind. Seit fünfundzwanzig Jahren wurden sie geführt. Tagebücher ist eigentlich nicht der rechte Ausdruck dafür, denn es wurden kaum Ereignisse darin aufgezeichnet, sondern nur die Gedanken, die durch die Ereignisse ausgelöst wurden. Nein, nicht die Gedanken, sondern der Weg zu ihnen.« (Aus: *Der Untergang*)

Zitat 2

Samuel Beckett am 15. Januar 1937 im vierten Heft seiner *Deutschen Tagebücher* (zitiert nach James Knowlson, *Samuel Beckett. Eine Biographie*, Übersetzung: Wolfgang Held):
»Ich habe kein Interesse an der ›Vereinheitlichung‹ des historischen Chaos, ebensowenig wie an einer ›Klärung‹ des individuellen Chaos, und noch weniger an der Anthropomorphisierung der unmenschlichen Notwendigkeiten, die das Chaos hervorrufen. Was ich will, sind die Strohhalme, das Treibgut, usw. Namen, Daten, Geburt und Tod, weil das alles ist, was ich wissen kann. Meyer sagt (Paul Meyer, hier erwähnt am 29/11)

der Hintergrund sei wichtiger als der Vordergrund, die Ursache wichtiger als die Wirkungen, die Ursachen wichtiger als ihre Repräsentanten und Opponenten. Ich sage, der Hintergrund und die Ursache sind eine unmenschliche und unverständliche Maschinerie, und wage mich zu fragen, was für eine Begierde es ist, die beschwichtigt werden kann von dem modernen Animismus, das darin besteht, sie zu rationalisieren. Rationalismus ist die letzte Form des Animismus. Dagegen ist die pure Inkohärenz von Zeiten und Menschen und Orten wenigstens amüsant (…)
Ich will das altmodische geschichtliche Nachschlagewerk haben, nicht die modischen monde romancé, die wortreich auseinandersetzt, warum z. B. Luther unvermeidlich war, ohne mir irgend etwas über Luther zu sagen, wohin er ging, wovon er lebte, woran er starb, usw. Ich sage bei den Phrasen ›Historische Notwendigkeit‹ und ›Germanisches Schicksal‹ kommt einem die Kotze hoch.«

DIE HAMBURGER KULTURSZENE NACH DER NS-MACHTÜBERNAHME

Gekürzte Fassung einer Rede von Maike Bruhns, gehalten anlässlich der Eröffnung der Ausstellung »Ausgegrenzt« am 12. August 2005 in der Hamburger Kunsthalle

Die schwerwiegendste und folgenreichste Veränderung bestand in der Abschaffung der Autonomie der freien Kunst. Sie wurde 1933 nach der Machtübernahme der NSDAP sofort eingeschränkt durch Angriffe und Diffamierung all dessen, was den ideologischen Vorstellungen nicht entsprach. Künstler im Gefolge der als »entartet« verfemten Avantgarde wurden auch in Hamburg ausgegrenzt. Im Zentrum stand die elitäre »Hamburgische Sezession«, die 1933 stark von den Arbeiten Edvard Munchs, aber auch von Ernst Ludwig Kirchner, Paula Modersohn-Becker und dem Bauhaus-Vorbild beeinflusst war. Die kleine Hamburger ASSO-Gruppe linkspolitisch engagierter Künstler traf es ebenso wie Einzelgänger, etwa Heinrich Stegemann, Fritz Flinte, Friedrich Wield.

Um flächendeckend vorgehen zu können, wurde in Ämtern, Institutionen (Kunstmuseen) und Vereinen wie andernorts zunächst »gleichgeschaltet«, das heißt einflussreiche Positionen mit NS-Funktionären besetzt, bisherige Amtswalter fristlos entlassen oder in den Ruhestand geschickt. In Hamburg betraf das unter anderen die Direktoren der beiden Kunstmuseen und der Landeskunstschule, Max Sauerlandt und Gustav Pauli. Es folgte eine reichsweite amtliche Erfassung und Registrierung der deutschen Künstler in der Reichskulturkammer, Unterabteilung Reichskammer der bildenden Künste, die von nun an zentralistisch von Berlin aus die Kulturpolitik bestimmte.

Alle Künstlergruppen wurden zwangsläufig angegliedert, die »Hamburgische Künstlerschaft« schaltete sich gleich, indem sie Anfang April 1933 ihre jüdischen Mitglieder ausstieß und sich zu dem neuen Regime bekannte. Die »Hamburgische Sezession«, vor die gleiche Forderung gestellt, löste sich im Mai 1933 freiwillig auf, um die jüdischen Kollegen nicht ausschließen zu müssen.

Die NS-Kulturpolitik zeigte anfangs wenig Konzept, willkürliches, teils widersprüchliches Vorgehen. Der zunächst tonangebende, ständig hetzende »Kampfbund für Deutsche Kultur«, dessen Aktivitäten von Kompetenz- und Karrierestreitigkeiten bestimmt waren, wurde zurückgedrängt, bis er sich im Juni 1934 auflöste.

Die Etablierung einer reichsweiten Kulturpolitik verlief nicht ohne Turbulenzen. Mit rigiden Maßnahmen griff die Politik in das bislang freie Hamburger Kunstschaffen ein. So wurde die 12. Ausstellung der »Hamburgischen Sezession« am 30. März 1933 polizeilich geschlossen unter dem Vorwurf der Förderung des »Kulturbolschewismus«. Es war die erste Ausstellung in Deutschland, die geschlossen wurde. Nach weiteren, ähnlichen Aktionen kam es am 31. Juli 1936 zum Abbruch der Ausstellung des Deutschen Künstlerbunds »Malerei und Plastik in Deutschland« im Hamburger Kunstverein durch den Präsidenten der Reichskulturkammer, Adolf Ziegler. Ziegler löste den Künstlerbund auf, veranlasste den Verkauf des Kunstvereinsgebäudes und eine Neubesetzung des Vorstands. Heinrich Stegemann, der die Ausstellung organisiert hatte, wurde vor ein berufsständisches »Ehrengericht« gestellt.

Im Sommer 1937 folgte, Höhepunkt der staatlichen Gewaltmaßnahmen gegen die freie Kunst, die reichsweit durchgeführte Aktion »Entartete Kunst«, die die deutschen Museen ersatzlos der Moderne beraubte. In Hamburg handelte es sich um rund 1400 Kunstwerke in den Kunstmuseen und in der Hansischen Hochschule, an der Spitze der Hamburger Künstler lag Rolf Nesch mit 57 Beschlagnahmungen sowie 7 Mappen Zeichnungen und Graphik in der Hochschule, die nach Gewicht ausgewiesen wurden. Ihm folgte Richard Haizmann mit 66 Arbeiten in Museumsbesitz und dem »Wasserspeier« im öffentlichen Raum. Heinrich Stegemann büßte 26 Werke in Hamburg ein (weitere 16 im Deutschen Reich), Naum Slutzky 22, Arnold Fiedler 21, Willi Nass 18, Alma del Banco 13. Die requirierten Werke wurden fast alle vernichtet, Arbeiten von Nesch und Haizmann mit der Feme-Ausstellung »Entartete Kunst« durch Deutschland geschickt. Ende 1938 war sie auch in Hamburg zu sehen.

Die Einrichtung einer Fachbehörde sollte endlich Ruhe und Legalität in die Kulturlandschaft bringen. Auf die »Behörde für Volkstum, Kirche und Kunst« folgte am 1. April 1938 eine selbständige »Kulturverwaltung«. Senatsdirektor Dr. Albert Krebs leitete die Aktivitäten. Neben ihm agierte der am 7. November 1936 eingesetzte, einflussreiche Vertreter der Reichskammer Berlin in der Landesstelle Hamburg, der Maler Werner Thiede. Ihre Aufgaben bestanden in der Beaufsichtigung der Ausstellungstätigkeit, Auftragserteilung an Künstler, Ausschreibung von Wettbewerben, Weiterbildungskursen für Maler und Bildhauer u. v. a. Sie unternahmen gemeinsam Atelierbesuche, um sich über die entstehende Kunst zu orientieren, sorgten für Porträt-Aufträge Hamburger NS-Funktionäre, unter anderem für ein Familienbild des Obstbauern Quast aus Altenwerder mit seinen zwölf Kindern, für zahlreiche Wandbilder in öffentlichen Bauten, Schulen, Jugendheimen, Kasernen, für Bauplastik, Heldengedenkstätten – die sämtlich der

Selbstdarstellung des Staats und seiner Ideologie dienten. Eine rigide Ausstellungspolitik begleitete die Eintönigkeit. Thiede hängte fleißig ab. Nicht nur »entartete« Kunstwerke, sondern auch solche linksdenkender Künstler, besonders der ASSO-Maler und der ihnen Nahestehenden. Die Reichskulturkammer regierte auch in Hamburg autoritär, prüfte, genehmigte, nahm auf, dirigierte, schloss aus, verbot – kurz, sie bevormundete und gängelte den gesamten Künstlerstand von nicht weniger als 600 bildenden Künstlern und brachte das Hamburger Kunstgeschehen auf Staatslinie und unter Staatsdirektive. Wer sich nicht fügte, wurde ausgeschlossen und einem anderen, verwandten Beruf zugewiesen (bei Künstlern meist dem Anstreichergewerbe), denn kein Volksgenosse sollte unbeschäftigt bleiben. Erklärtes Ziel war die Etablierung einer Staatskunst.

Folgen für die Künstler

Bei der reichsweiten Künstlererfassung stießen viele Künstler auf Ablehnung des Regimes:

- alle zur Avantgarde Gerechneten, also die erwähnten »Entarteten« (s.o.);
- alle politisch Andersdenkenden, besonders politisch links engagierte Künstler, der SPD und KPD zugehörig
- Angehörige nicht genehmer »Rassen«: Juden, Osteuropäer, Farbige, Sinti und Roma;
- Angehörige bestimmter Minderheiten: unbürgerlich lebende Bohemiens, Anthroposophen, Homosexuelle, psychisch Labile, »Ernste Bibelforscher«.

Diese wurden sukzessiv entrechtet, entwürdigt, konnten von ihrer Kunst nicht mehr leben. Schon 1938 wurden Juden aus der Reichskulturkammer endgültig ausgeschlossen. Manche Künstler erhielten Arbeitsverbot, viele wurden außer Landes gejagt oder gar interniert, in einem Zuchthaus, Konzentrationslager oder in einer Anstalt um ihr Leben gebracht.

- Ausgegrenzt waren schließlich alle Künstler, die sich den Forderungen des Staats nach Errichtung einer NS-Kunst nicht beugten.
  Ihnen blieb wenig Spielraum: Camouflage, Flucht in unverfängliche Genres (in Norddeutschland in das Landschaftsmalerei-Fach), innere oder äußere Emigration. Den Anforderungen nicht nachzukommen, bedeutete Bedrohung, Beunruhigung, Lähmung, Gewissenskonflikte, nicht zuletzt Verarmung.

Reaktionen

Die vormals pluralistische Kunst- und Kulturszene stürzte in eine anhaltende Krise.
Wenige aus rassistischen Gründen Ausgegrenzte verließen Hamburg sofort, so etwa Ervin Bossanyi und Naum Slutzky. Trotzdem konnte sich anfangs kaum jemand vorstellen, was Juden erwartete. Man übte Camouflage, in der Hoffnung auf ein baldiges Ende des Regimes. 1938 verschärften Gauleitung und Senat, die sich vorher in der regionalen Judenpolitik eher zurückgehalten hatten, den antijüdischen Kurs, die Hansestadt verkam zum NS-»Mustergau«, der viele seiner Bürger zu Ausgestoßenen machte, eine Reihe von ihnen sogar ermorden ließ. Wer als politisch oder rassistisch Verfolgter die Flucht nicht mehr antreten konnte oder mochte, der wurde vernichtet. Unter dem Druck der Sanktionen und Entrechtungen kam es zu Verzweiflungstaten. Einige Künstler nahmen sich das Leben; Anita Rée bereits im Dezember 1933, Paula Gans 1941, Alma del Banco im März 1943. Andere wurden in Konzentrationslager deportiert, wie Erich Brill und Edith

Marcus, oder gar hingerichtet, wie Annemarie Ladewig. Politisch engagierte Künstler wie Franz Kammigan, Emanuel Zimmermann, Johannes Auerbach wurden sofort nach der Machtübernahme intensiv verfolgt und konnten nicht mehr ausstellen. Von den so genannten »Entarteten« gingen einige ins Exil, weil sie die Unfreiheit nicht mehr ertrugen: Rolf Nesch verließ Hamburg bereits im Oktober 1933 nach vielen bösen Erfahrungen und emigrierte nach Oslo. Arnold Fiedler reiste im Juli 1938 nach Paris aus, im September desselben Jahres kehrte Karl Ballmer in die Schweiz zurück, Eduard Bargheer ging 1940 nach Italien, Gretchen Wohlwill emigrierte nach Portugal. Wer glaubte, künstlerisch über die Runden kommen zu können, blieb im Land und wählte zumeist den Weg in eine »innere Emigration«. Die Verweigerung des Kulturbetriebs bedeutete zwangsläufig wirtschaftlichen Niedergang. Kontakt und Anregung von außen blieben aus und damit Ermutigung, Würdigung und Kritik. Das Malen in Klausur im Atelier, in dem sich die Bilder unverkäuflich stapelten, bedeutete für die meisten Künstler eine schwere seelische Belastung, ebenso die Erfahrung der Ausschließung von öffentlichen Aufträgen und Wettbewerben.

Die einschüchternde Kulturpolitik und die Maßnahmen gegen die Moderne förderten Verunsicherung und Lähmung, in ihrem Gefolge nicht selten die Entscheidung, nicht oder kaum mehr auszustellen. Nach dem Eklat der abgebrochenen Ausstellung des Deutschen Künstlerbunds 1936 war öffentliches Ausstellen für einige fast unmöglich geworden. Willem Grimm und Karl Kluth, die bis dahin versucht hatten, sich durchzulavieren, zogen die Konsequenzen. Andere beteiligten sich zwar (aus Gründen des Lebensunterhalts) weiter an Ausstellungen, aber nur mit unverfänglichen Bildern, Familienporträts und Land-

schaften, wie Ivo Hauptmann, Fritz Flinte, Fritz Kronenberg, Erich Hartmann. Grimm gab die Malerei auf, verließ Hamburg, fing eine Ausbildung zum Landwirt an und wurde Verwalter auf einem Gut. Karl Kluth ging als Bühnenbildner nach Kiel an die Städtischen Bühnen. Auch hier kam es zu einem Eklat und »Kulturbolschewismus«-Vorwürfen wegen seiner Bühnenbilder für eine Klassikeraktualisierung. Die Einberufung zur Wehrmacht beendete 1939 die für alle gefährlichen Kunstverhältnisse.
In der Nachkriegsgesellschaft nahm die Auseinandersetzung mit der Vergangenheit breiten Raum ein, es ging um Aufklärung, Klärung des geschehenen Unrechts. Entnazifizierung und Wiedergutmachung sollten heilen. Alte Abrechnungen wurden beglichen, Verpflichtungen eingelöst, Legenden bildeten sich. Auf Seiten der Täter wurde nach Kräften verharmlost und verdrängt. Die neu gegründete »Hamburgische Sezession« setzte sich mit Erinnerungsausstellungen, zum Beispiel 1946 für Kurt Löwengard, für eine Rehabilitation der Vertriebenen ein. Ivo Hauptmann besuchte Rolf Nesch in Norwegen, Karl Ballmer in der Schweiz, Eduard Bargheer in Forio auf Ischia, Friedrich Ahlers-Hestermann die Hamburger Emigranten in London.

Resümee

Das für die Stadt Hamburg ermittelte Fazit aus zwölf Jahren NS-Herrschaft ergab Folgendes: Von insgesamt 600 bei der Reichskunstkammer erfassten Künstlern waren feststellbar 212 ausgegrenzt, verfemt oder verfolgt, also ein gutes Drittel. Ein Drittel davon, 69 Künstler, floh ins Exil. Am gründlichsten traf die Verfolgung Künstler jüdischer Abstammung. Unter 85 überstanden fünf als »Mischlinge« oder in »privilegierter Mischehe« die gefährliche Zeit. 23 starben, ermordet in Konzentrationslagern, hingerichtet oder durch Freitod. Zwei überlebten Theresienstadt. Zehn sind ganz verschollen.

Die NS-Kulturpolitik vermochte zu keiner Zeit eine offizielle Staatskunst zu etablieren. Abgesehen von ihrer destruktiven Potenz blieb sie erfolglos. Am Ende herrschte weit verbreitet Lähmung aller Spontaneität, Ineffizienz der Produktion. Große Würfe, Innovationen blieben aus. Die Kulturpolitik hinterließ eine Kunstvernichtung unvorstellbaren Ausmaßes. Die monumentalen Projekte der letzten Jahre der Weimarer Republik waren eliminiert worden, die existierende Moderne in den Museen beschlagnahmt und weitgehend zerschlagen. Künstler-Œuvres waren durch Flucht oder im Exil verloren gegangen, rund 50 waren den alliierten Bombardements zum Opfer gefallen. Der Schaden traf alle: Künstler, Stadt und Publikum.

AUTOREN UND TITEL, DIE IM HAMBURG-KAPITEL GENANNT SIND

A = Ansicht; **E** = Erwähnung; **K** = Kauf; **L** = Leihgabe;
Lk = Lektüre in Hamburg; **V** = Veranstaltung
Die bibliografischen Angaben bezeichnen, wenn nicht anders angegeben, die Buch-Erstausgabe.

K	**Älteste deutsche Dichtung** Urtext und Übertragung Übersetzt und hg. v. Karl Wolfskehl und Friedrich von der Leyen Leipzig: Insel Verlag, 1909
K	**Almanach** Das werdende Reich. Almanach zum 40. Jahr des Verlages Jena: Eugen Diederichs, 1936
K, Lk	**Alverdes, Paul** (1897–1979) Die Pfeiferstube. Frankfurt a. M.: Rütten & Loening, 1929
K	Reinhold im Dienst. Novelle München: Langen-Müller, 1936
A	**Bade, Wilfrid** (1906–1945) Flamme und Wind. Gedichte Stuttgart: Deutsche Verlags-Anstalt, 1936
K	**Baedeker** Deutschland. Deutsches Reich und einige Grenzgebiete. 6. Auflage Leipzig: Karl Baedeker Verlag, 1936
K	**Barlach, Ernst** (1870–1938) Zeichnungen. Einführung von Paul Fechter München: Piper Verlag, 1935
A	**Bartels, Adolf** (1862–1945) Geschichte der deutschen Literatur Leipzig: Eduard Avenarius, 1901
E, V	**Berens-Totenohl, Josefa** (1891–1969) [d. i. Josefa Berens] Vermutlich: Frau Magdalene

	Jena: Eugen Diederichs Verlag, 1935
E	**Beste, Konrad** (1890–1958)
	Das heidnische Dorf. Roman
	München: Langen-Müller, 1932
A	Gesine und die Borstelmänner
	Hamburg: Hanseatische Verlagsanstalt, 1936
L, Lk	**Binding, Rudolf G.** (1867–1938)
	Die Waffenbrüder
	Frankfurt a. M.: Rütten & Loening, 1935
L	Sankt Georgs Stellvertreter
	Leipzig: Quelle & Meyer, 1930
A	**Blunck, Hans Friedrich** (1888–1961)
	Wiedewitte
	Chemnitz: Gesellschaft der Bücherfreunde, 1927
A	**Dehio, Georg** (1850–1932)
	Handbuch der deutschen Kunstdenkmäler
	Berlin: Ernst Wasmuth 1905–1912
A	**Deri, Max** (1878–1938)
	Die neue Malerei. Sechs Vorträge
	Leipzig: E.A. Seemann, 1921
E	**Diederich, Benno** (1870–1947)
	Emile Zola. Leipzig: Voigtländer, 1898
E	Alphonse Daudet, sein Leben und seine Werke
	Berlin: C. A. Schwatschke, 1900
E	**Ewers, Hans Heinz** (1871–1943)
	Die Besessenen. Seltsame Geschichten
	von Hans Heinz Ewers
	München: Georg Müller, 1908
A	**Fallada, Hans** (1893–1947) [d. i. Rudolf Ditzen]
	Vermutlich: Altes Herz geht auf die Reise
	Berlin: Rowohlt Verlag, 1936
E, A	**Fuchs, Eduard** (1870–1940)
	Illustrierte Sittengeschichte vom Mittelalter
	bis zur Gegenwart
	München: Albert Langen, 1909ff.
A	**Goedeke, Karl** (1814–1887)
	Grundriß zur Geschichte der Deutschen Dichtung
	Hannover: Ehlermann, 1859ff.
K	**Goetz, Curt** (1888–1960)
	Die tote Tante und andere Begebenheiten.
	Drei Einakter

	Rostock: Carl Hinstorff Verlag, 1924
K	Dr. med. Hiob Prätorius [...].
	Rostock: Carl Hinstorff Verlag, 1934
A	**Griese, Friedrich** (1890–1975)
	Die Wagenburg. Eine Erzählung
	München: Langen-Müller, 1935
K	**Grieben**
	Reiseführer, Band 7: Hamburg und Altona.
	32. Auflage
	Berlin: Grieben-Verlag, 1932
A	**Grimm, Hans** (1875–1959)
	Volk ohne Raum. 2 Bände
	München: Albert Langen, 1926
V	Max Grund
	Kein Nachweis
E	**Hamsun, Knut** (1859–1952)
	Der Ring schließt sich
	München: Langen-Müller, 1936
K	**Heinemann, Karl** (1857–1927)
	Die deutsche Dichtung. Grundriß der deutschen Literaturgeschichte
	Stuttgart: Alfred Kröner Verlag, 1910
L, Lk	**Heiseler, Henry von** (1875–1928)
	Wawas Ende
	München: Langen-Müller, 1933
E	**Hesse, Hermann** (1877–1962)
	(Keine Titel genannt)
A	**Heyse, Hans** (1891–1976)
	Idee und Existenz
	Hamburg: Hanseatische Verlagsanstalt, 1935
E, Lk	**Hofmannsthal, Hugo von** (1874–1929)
	Der Tor und der Tod
	Berlin: Insel bei Schuster & Loeffler, 1900
E	**Huizinga, Johan** (1872–1945)
	Im Schatten von morgen
	Eine Diagnose des kulturellen Leidens unserer Zeit
	Bern: Gotthelf Verlag, 1935
A	Erasmus
	Basel: Schwabe & Co. Verlag, 1928
K	Holländische Kultur des 17. Jahrhunderts
	Jena: Eugen Diederichs Verlag, 1933

K **Katalog der neueren Meister**. Pauli, Gustav
Hamburg: Freunde der Kunsthalle, 1924

A **Keller, Gottfried** (1819–1890)
Gesammelte Werke in vier Bänden
Leipzig: Insel Verlag, 1930

L Der grüne Heinrich
Stuttgart: Göschen 1879–1880 [Neubearbeitung]

E **Keyserling, Hermann Graf** (1880–1946)
Das Spektrum Europas
Heidelberg: Niels Kampmann Verlag, 1928

E, K Das Reisetagebuch eines Philosophen
Darmstadt: Otto Reichl Verlag, 1919

E **Klabund (1890–1928)** [d. i. Alfred Henschke]
(Keine Titel genannt)

E **Klages, Ludwig** (1872–1956)
Der Geist als Widersacher der Seele
Leipzig: Barth, 1929

L **Das kleine Gedichtbuch – Lyrik von heute**
Hg. v. Kurt Matthies. 3. Auflage
München: Langen-Müller, 1933

K **Kolbenheyer, Erwin Guido** (1878–1962)
Amor Dei. Ein Spinoza-Roman
München: Georg Müller, 1908

E Die Kindheit des Paracelsus
München: Georg Müller, 1917

E Das Gestirn des Paracelsus
München: Georg Müller, 1922

E Das dritte Gestirn des Paracelsus
München: Georg Müller, 1925

E **Kunst und Künstler**
Illustrierte Monatsschrift für Kunst und Kunstgewerbe
Berlin: Bruno Cassirer, 1903ff.

L **Leip, Hans** (1893–1983)
Herz im Wind. Geschichten von der Wasserkante
Jena: Eugen Diederichs, 1934

A **Mahrholz, Werner** (1889–1930)
Deutsche Literatur der Gegenwart
Probleme, Ergebnisse, Gestalten
Berlin: Sieben-Stäbe-Verlag, 1932

E **Mann, Thomas** (1875–1955)
Buddenbrooks.

Berlin: S. Fischer Verlag, 1901

E, A Joseph in Ägypten. Gesammelte Werke:
Joseph und seine Brüder, hier: Band 3
Wien: Bermann-Fischer Verlag, 1936

E, A **Marc, Franz** (1880–1916)
Briefe, Aufzeichnungen und Aphorismen. 2 Bände
Berlin: Paul Cassirer, 1920

L **Moderne Bauformen**. Monatshefte für Architektur
Stuttgart: Hoffmann, 1901ff.

A **Müseler, Wilhelm** (nachgetragen)
Deutsche Kunst im Wandel der Zeiten
[8., verbesserte Auflage]
Berlin: Safari Verlag, 1936

K **Nolde, Emil** (1867–1956)
Das eigene Leben [1867–1902]
Berlin: Julius Bard, 1931
Das eigene Leben [1902–1914]
Berlin: Rembrandt Verlag

E, K, Lk **Hans Pferdmenges**
Deutschlands Leben. [2., verbesserte Auflage]
Hamburg: Verlag Deutsches Haus, 1930

E **Pfister, Kurt** (1895–1951)
Hieronymus Bosch. Das Werk
Potsdam: Gustav Kiepenheuer, 1922

A **Raabe, Wilhelm** (1831–1910)
Gesammelte Gedichte
Berlin: Otto Janke Verlag, 1912

A **Reuter, Fritz** (1810–1874)
(Keine Titel genannt)

K, Lk **Rilke, Rainer Maria** (1875–1926)
Die Weise von Liebe und Tod
des Cornets Christoph Rilke
Leipzig: Insel Verlag, 1912

L Gedichte. Ausgewählt von Katharina Kippenberg
Leipzig: Insel Verlag o. J. [EA 1927]

E Briefe aus den Jahren 1902 bis 1906
Leipzig: Insel Verlag 1929

E Briefe aus den Jahren 1906 bis 1907
Leipzig: Insel Verlag, 1930

E **Saint-John Perse** (1887–1975)
[d. i. Marie-Auguste-René-Alexis Saint-Léger Léger]

Anabase. Gedichte
Paris: Éditions Gallimard, 1924

K **Sauer, Otto** [d. i. »Methode Gaspey-Otto-Sauer«]
Elementary german grammar [...]
Heidelberg: Julius Groos Verlag, o. J.

K, Lk **Sauerlandt, Max** (1880–1934)
Die Kunst der letzten 30 Jahre. Hg. v. Harald Busch
Berlin: Rembrandt Verlag, 1935

V, L **Schäfer, Wilhelm** (1868–1952)
Die Anekdoten. München: Langen-Müller, 1935
vermutlich: Novellen. München: Langen-Müller, 1928

L **Schaeffer, Albrecht** (1885–1950)
Der General
Frankfurt a M.: Rütten & Loening, 1934

E **Scheffler, Karl** (1869–1951)
Paris. Leipzig: Insel Verlag, 1908
K Holland. Leipzig: Insel Verlag, 1930
E, A Deutsche Baumeister. Berlin: Bruno Cassirer, 1935

A **Scherer, Wilhelm** (1841–1886)
Geschichte der deutschen Literatur
Berlin: Weidmannsche Buchhandlung, 1883

K **Schopenhauer, Arthur** (1788–1860)
Sämtliche Werke [Ausgabe nicht genannt]

E **Schürmeyer, Walter** (1889–1976)
Hieronymus Bosch. München: Piper Verlag, 1923

A **Schumann, Gerhard** (1911–1995)
Wir aber sind das Korn. Gedichte
München: Langen-Müller, 1936
A Feier der Arbeit. München: Langen-Müller, 1936
A Heldische Feier. München: Langen-Müller, 1936

A **Springer, Anton** (1825–1891)
Handbuch der Kunstgeschichte
Stuttgart: Rieger, 1855ff.

V **Stehr, Hermann** (1864–1940)
Der Schatten. Novelle
Chemnitz: Adam, 1924

A **Storm, Theodor** (1817–1888)
Sämtliche Werke: 2 Bände
Berlin: Th. Knaur Nachf., 1930

E **Strauss, Emil** (1866–1960)
Der Schleier

	Geschichten. München: Georg Müller, 1931
L	**Strauss und Torney, Lulu von** (1873–1956) Auge um Auge. 11.–20. Tsd. Jena: Eugen Diederichs, 1933
E	**Timmermans, Felix** (1886–1947) Pieter Bruegel. Leipzig: Insel Verlag, 1928
K	**Walther von der Vogelweide** (um 1170–um 1230) Altdeutsch und übertragen von Walther Bulst Berlin: Tempel Verlag, 1930
V	**Weinheber, Josef** (1892–1945) Vermutlich: Späte Krone. Gedichte München: Langen-Müller, 1936
L, Lk	**Werfel, Franz** (1890–1945) Verdi. Roman der Oper. Wien: Zsolnay, 1924
L, Lk	**Wiechert, Ernst** (1887–1950) Spiel vom deutschen Bettelmann München: Langen-Müller, 1933
K	Der Todeskandidat. La Ferme Morte. Der Vater; drei Erzählungen München: Langen-Müller, 1934
L	Die Magd des Jürgen Doskocil München: Langen-Müller, 1932
L, Lk	Hirtennovelle München: Langen-Müller, 1935
A	Das heilige Jahr. Fünf Novellen Berlin: Grote, 1936
A	Wälder und Menschen. Eine Jugend München: Langen-Müller, 1936
K	**Windelband, Wilhelm** (1848–1915) Lehrbuch der Geschichte der Philosophie Hg. v. Heinz Heimsoeth Tübingen: J. C. B. Mohr Paul Siebeck, 1935
E	**Zeichner des Volks, Die.** Käthe Kollwitz. Heinrich Zille Von Adolf Heiborn Berlin: Rembrandt Verlag, o. J.

ZEITTAFEL

13. 4. 1906	Samuel Beckett geboren in Foxrock, Dublin
ab 1920	Besuch einer anglo-irischen Internatsschule
1927	Abschluss des Romanistik-Studiums am Trinity College, Dublin
1928	Englischlektor an der École Normale Supérieur, Paris Bekanntschaft mit James Joyce
1928–1932	mehrere kurze Deutschlandbesuche bei Verwandten in Kassel
1931	Französischlektor am Trinity College
ab Herbst 1936	große Deutschlandreise
Frühjahr 1937	Rückkehr nach Irland, dann Übersiedlung nach Paris
1938	Heirat mit der Pianistin Suzanne Dumesnil
1941	Anschluss an die Résistance, Flucht vor der Gestapo
1942	Landarbeiter in Südfrankreich
ab Ende 1945	als freier Schriftsteller in Paris
1969	Nobelpreis für Literatur
22. 12. 1989	gestorben in Paris

Bis 1936 waren folgende Werke entstanden:

1929	*Dante ... Bruno. Vico ... Joyce,* Essay
1930	*Whoroscope,* Gedicht
1931	*Proust,* Essay
1930–1932	*Traum von mehr oder minder schönen Frauen,* Roman, erschienen 1993
1934	*Mehr Prügel als Flügel,* Kurzgeschichten
1935	*Echo's Bones,* Gedichte
1935/1936	*Murphy,* Roman, erschienen 1938

LITERATUR

Friedrich Ahlers-Hestermann, *Pause vor dem Dritten Akt*, Hamburg 1949

Klaus Albrecht, *Günter Albrecht – Samuel Beckett – Axel Kaun.* Beitrag in *The Journal of Beckett Studies 13; 2*, Florida, Spring 2004 [2005]

Anne Atik, *Wie es war*, Frankfurt a. M. 2002

Karl Ballmer, Diverse Schriften und Aufsätze

Maike Bruhns, *Kunst in der Krise*, Hamburg 2001

Maike Bruhns und **Helmut R. Leppien**, *Ausgegrenzt. Kunst in Hamburg 1933–1945*, Katalog zur gleichnamigen Ausstellung, Bremen und Hamburg 2005

Harald Butz, *»Have more books now than I can read«*, Typoskript, Hamburg 2003

Therese Fischer-Seidel und **Marion Fries-Dieckmann** (Hg.), *Der unbekannte Beckett, Samuel Beckett und die deutsche Kultur.* Mit Beiträgen u. a. von James Knowlson und Mark Nixon, Frankfurt a. M. 2005

Michael Glasmeier und **Gaby Hartel** (Hg.), *Samuel Beckett. Das Gleiche noch mal anders. Texte zur Bildenden Kunst*, Frankfurt a. M. 2000

Michael Glasmeier und **Gaby Hartel**, *The Eye of Prey. Becketts Film-, Fernseh- und Videoarbeiten*, Frankfurt a. M. 2006

Margret Grimm und **Harald Rüggeberg** (Hg.), *Der Maler Willem Grimm*, Hamburg 1989

Gaby Hartel und **Carola Veit**, *Samuel Beckett*, Frankfurt a. M. 2006

James Knowlson, *Samuel Beckett. Eine Biographie*, Frankfurt a. M. 2001

Helmut R. Leppien, *Eduard Bargheer. Aquarelle 1935–1949*, Köln 1996

Ulrich Luckhardt und **Uwe M. Schneede** (Hg.), *Private Schätze. Über das Sammeln von Kunst in Hamburg bis 1933*, Hamburg 2001

Matthias Mühling, *Mit Samuel Beckett in der Hamburger Kunsthalle*, Hamburg 2003

Udo Pini, *Zu Gast im alten Hamburg*, München 1987

Friedhelm Rathjen, *Samuel Beckett & seine Fahrräder,* Darmstadt 1996
Hans Christian Schütt, *Die Chronik Hamburgs,* Dortmund 1991
Max Sauerlandt, *Die Kunst der letzten 30 Jahre,* Hamburg 1935
Johannes Spallek, *Karl und Katharina Ballmer – Opfer der nationalsozialistischen Gewaltherrschaft.* Beitrag im *Stormaner Jahrbuch 2006*
Wolfgang Tarnowski, *Ernst Barlach und der Nationalsozialismus,* Hamburg 1989
Erika Tophoven, *Becketts Berlin,* Berlin 2005
Friederike Weimar, *Die Hamburgische Sezession 1919–1933,* Fischerhude 2003
Gerhard Wietek, *Dr. phil. Rosa Schapire,* Beitrag im *Jahrbuch der Hamburger Kunstsammlungen,* Band 9, Hamburg 1964
Beat Wismer, *Karl Ballmer – Der Maler,* Aarau 1990
Gretchen Wohlwill, *Lebenserinnerungen,* Hamburg 1984

Zitate und Erwähnungen aus:

Samuel Beckett
Proust, Essay, London 1931
More Pricks than Kicks, Erzählungen, London 1934; *Mehr Prügel als Flügel* Frankfurt a. M. 1989 (übersetzt von Elmar Tophoven)
L'expulsée, Erzählung, Paris 1955; *Der Ausgestoßene,* Frankfurt am Main 1967 (übersetzt von Elmar Tophoven); *The Expelled,* New York 1967 (übersetzt von Samuel Beckett)
Mercier et Camier, Roman, Paris 1970, Frankfurt a. M. 1972 (übersetzt von Elmar Tophoven), London 1974 (übersetzt von Samuel Beckett)
Premier Amour, Erzählung, Paris 1970; *Erste Liebe,* Frankfurt a. M. 1971 (übersetzt von Elmar Tophoven)
That Time / Damals, Einakter, New York 1976 und Frankfurt a. M. 1976 (übersetzt von Elmar Tophoven); *Cette fois,* Paris 1978 (übersetzt von Samuel Beckett)
Gedichte, München 1976 (übersetzt von Eva Hesse und Elmar Tophoven)
Le mone et le pantalon, Essay im Katalog zur Ausstellung »Bram van Velde, Retrospektive«, Paris 1989
Die Welt und die Hose, Frankfurt a. M. 1990 (übersetzt von Erika Tophoven-Schöningh)
Dream of fair to middling women, Roman, New York 1993;

Traum von mehr bis minder schönen Frauen, Frankfurt a.M. 1996 (übersetzt von Wolfgang Held)

Hans Erich Nossack
Die gestohlene Melodie, Roman, Frankfurt a.M. 1972
Der Untergang, Bericht, Frankfurt am Main 1948

DANK

An erster Stelle danke ich Edward Beckett, der mir zunächst ermöglichte, das Hamburg-Kapitel aus Samuel Becketts *German Diaries* als Erstausgabe in der Raamin-Presse zu drucken (2003 unter dem Titel *Alles kommt auf so viel an* in limitierter Auflage von 150 Exemplaren erschienen) und darüber hinaus die freundliche Genehmigung gab, hier sowohl aus dem nicht zur weiteren Veröffentlichung vorgesehenen Original als auch aus den bisher unveröffentlichten Beckett-Briefen an Günter Albrecht und die Postkarte an Alice Sauerlandt zu zitieren.

Für die Beantwortung sämtlicher Fragen im Zusammenhang mit Samuel Becketts Leben, Werk und seinen *German Diaries* insgesamt danke ich James Knowlson und Mark Nixon, beide Reading, England. Mark Nixon außerdem für die Überprüfung des Manuskripts, insbesondere der Beckett-Zitate anhand seiner eigenen Transkription der *German Diaries.* Daraus ergeben sich hier Abweichungen von der Erstausgabe (transkribiert von Erika Tophoven), die heute als Etappe auf dem Weg der allmählichen, äußerst komplizierten Erschließung der Beckett'schen Tagebücher angesehen werden kann.

Für die geduldige Beantwortung sämtlicher Fragen bezüglich der Hamburger Kunstszene in den dreißiger Jahren und einzelner Maler danke ich vor allem Maike Bruhns, ferner Volker Detlev Heydorn, Helmut R. Leppien, Ulrich Luckhardt und Gerhard Wietek. Für die Zusammenstellung der Autoren- und Titelliste Harald Butz. Alle in Hamburg.

Mein Dank für Auskünfte über einzelne Persönlichkeiten, Institutionen und Fakten, die im Tagebuch erwähnt sind,

für Hilfsbereitschaft beim Durchsuchen von Beständen und Nachlässen – und nicht zuletzt für kostenlose Überlassung etlicher hier zum ersten Mal veröffentlichter Privatfotos – gilt (wenn nicht anders angegeben in Hamburg):
Klaus und Marlene Albrecht, Nähe Bremen; Peter Asher, Hamm; Christian Biermann-Ratjen; Peter und Marion Bollmann, Pinneberg; Renate Büttner, Kassel; Verena Becker-Durrieu, Usingen; Hannchen Dehn; Margret Grimm; Ursel Hardt; Ingeborg Henne, Bremen; Horst Heydorn; Rudolf Hinrichs; Roland Jäger; Karin Jahn, Rosengarten; Heinz Juhre, Glinde; Katarina Kautzky; Ilse von Keller; Vera Kluth, Rellingen; Ulla Küster, Gravenhausen; Uta Lamprecht, Glinde; Franz Peter Martion, Nähe Fulda; Monika Nebelthau, Bremen; Udo Pini; Gabriele Rauschning; Lotte Rübke; Hellmut und Etta Saucke, Wienhausen; Edwin Schneider, Lütjensee; Christine Schönmetzler, Bad Eibing; Erika Tophoven, Straelen; Peter Tügel; Ingrid Vorwerk, Itzehoe; Ursula Winzentsen, Oberndorf; Christoph Widmer, Dornach; Günter Zint, Fahrendorf.
(In Institutionen, wenn nicht anders angegeben in Hamburg): Thomas Berg, Rüdiger Joppien und Stephanie Wiech, Museum für Kunst und Gewerbe; Beate Christians, Landesmedienzentrum; Richard Gerecke und Marlene Grau, Staats- und Universitätsbibliothek; Sebastian Giesen, Ernst Barlach Haus; Michaela Giesing, Hamburger Theatersammlung; Rita Hoiz, Museum für Hamburgische Geschichte; Dirk Justus und Peter Silze, Eduard Bargheer Nachlass; Uwe Kiemer, Denkmalamt; Eckart Krause, Universität Hamburg; Matthias Mühling, Lenbachhaus, München (damals Hamburger Kunsthalle); Lutz Rehkopf, Friedhof Ohlsdorf; Volker Reißmann und Jürgen Sielemann, Staatsarchiv Hamburg; Johannes Spallek, Kreis Stormarn; Beat Wismer, Aargauer Kunsthaus, Aarau.

BILDNACHWEIS

Albrecht-Privatarchiv: Seiten 41, 95, 98, 182, 183
Karl-Ballmer-Nachlass: Seiten 169, 173
Eduard-Bargheer-Nachlass: Seiten 175, 177, 178
Edward Beckett: Seite 13
Beckett International Foundation, The University of Reading: Seiten 15, 32
Paul-Bollmann-Nachlass: Seite 190
Denkmalschutzamt Hamburg: Seiten 20, 21, 27, 30, 31, 38, 44, 53, 58, 65, 84, 103, 117, 118, 137, 161, 180
Friedhof Ohlsdorf: Seiten 77, 113
Willem-Grimm-Nachlass: Seite 162
Erich-Hartmann-Nachlass: Seite 151
Heinrich-Heine-Institut, Düsseldorf: Seite 110
Galerie-Herold-Archiv: Seite 154
Hamburger Kunsthalle: Seite 88
Hamburger Universität: Seite 45
Karl-Kluth-Nachlass: Seite 158
Medien-Verlag Schubert, Hamburg: Seite 196
Museum für Hamburgische Geschichte: Seiten 23, 50, 80, 92, 107, 143, 189
Museum für Kunst und Gewerbe Hamburg: Seiten 99, 131
Panfoto: Seite 67
Private: Seiten 2, 35, 40, 59, 72, 73, 74, 86, 123, 141, 142, 165, 166
Hans-Martin-Ruwoldt-Nachlass: Seite 163
Staatsarchiv Hamburg: Seite 20
Tarnowski-Privatarchiv: Seite 62
Wietek-Privatarchiv: Seite 126

Leider ist es in einigen Fällen nicht gelungen, den Rechteinhaber ausfindig zu machen. Der Verlag bittet, etwaige Ansprüche anzumelden.

ZUR AUTORIN

Roswitha Quadflieg, geboren 1949 in Zürich, studierte Kunst in Hamburg. In ihrer Verlagswerkstatt Raamin-Presse druckte sie dreißig Jahre (1973–2003) Texte der Weltliteratur mit ihren Graphiken in limitierten Auflagen und wurde für ihre bibliophilen Werke mehrfach ausgezeichnet. Seit 1985 schreibt sie außerdem eigene Texte. Auswahl: *Der Tod meines Bruders* (1985), *Bis dann* (1996), *Alles Gute* (1999), *Requiem für Jakob* (2005).

Als letzter und 28. Druck der Raamin-Presse erschien 2003 Samuel Beckett, *Alles kommt auf so viel an*, die erste und bisher einzige Ausgabe des Hamburg-Kapitels der *German Diaries* im Original (englisch, gemischt mit deutschen und einigen französischen Sätzen) in limitierter Auflage von 150 Exemplaren. Mit einem Bilderfries und Marginalien von RQ. Die Marginalien beinhalten in Stichworten eigene Recherchen zum Tagebuch. Darüber hinaus sammelte RQ Fotos und Dokumente für die Ausstellung »Beckett in Hamburg – 1936«, die im Winter 2003/2004 in der Freien Akademie in Hamburg gezeigt wurde, im November/Dezember 2006 mit Ergänzungen erneut in der Staats- und Universitätsbibliothek Hamburg gezeigt werden wird und ab dann außerdem auf deren Website als Dauerausstellung mit englischer Übersetzung der Texte besucht werden kann.